TARÔ DAS MUSAS

EDITORA

CHRIS-ANNE

TARÔ DAS MUSAS

© Publicado originalmente pela Hay House.
© Publicado em 2021 pela Editora Isis.

Tradução e revisão: Karine Simões
Ilustrações: Chris-Anne
Diagramação: Décio Lopes
Projeto gráfico: Nick C. Welch

Dados de Catalogação da Publicação

Chris-Anne

Tarô das Musas / Chris-Anne | 1ª edição | São Paulo, SP | Editora Isis, 2021.

ISBN: 978-65-5793-011-3

1. Tarô 2. Oráculo 3. Arte divinatória I. Título.

Proibida a reprodução total ou parcial desta obra, de qualquer forma ou por qualquer meio seja eletrônico ou mecânico, inclusive por meio de processos xerográficos, incluindo ainda o uso da internet sem a permissão expressa da Editora Isis, na pessoa de seu editor (Lei nº 9.610, de 19.02.1998).

Direitos exclusivos reservados para Editora Isis.

EDITORA ISIS LTDA
www.isiseditora.com.br
contato@isiseditora.com.br

Para aqueles que brilharam em seu caminho e serviram como professores e encarnações da energia da Musa para mim. Obrigada por sua visão, sua expressão criativa, seu incrível dom para inspirar e sua coragem para compartilhar.

Alguns que me vêm à mente hoje, nadando como sereias em um mar de inspiração:

*Björk • Joaquín Cortés • Danielle LaPorte
• Deepak Chopra • Paulo Coelho • Pixie Lighthorse
• Ralph Blum • Maya Angelou • W. B. Yeats
• Rumi • Pauline Fazzioli • Deep Forest
• Dead Can Dance • Danielle Noel
• Clarissa Pinkola Estés • Cirque du Soleil
• Sarah Kay • Drew Dellinger • Vanessa Sage
• SARK • Jasmine Becket-Griffith
• Avalon Cameron • Etonia • Kelly-Ann Maddox
• Joanna DeVoe • Tina Gong • Cara-Beth Burnside
• Circe Wallace • A Tribe Called Quest
• Dan Millman • Abraham-Hicks • Lindsey Stirling
• The Wachowskis • Jim Henson • Michael Harner
• Neil Gaiman • Tia Joanie*

Sumário

"Olá, Musa!" viii

Introdução ao Tarô das Musas x

O que é a Musa? xii

Como usar este Baralho de Tarô Excêntrico .. xvi

Os Arcanos Maiores 1

Os Arcanos Menores 31

    Naipe de Inspirações 32

    Naipe de Emoções 51

    Naipe de Vozes 71

    Naipe de Materiais 90

Sobre Chris-Anne 109

Agradecimentos 111

"Olá, Musa!"

{Grilos.}

– Olá, Inspiração! Podemos conversar?

{Planeja. Protela. Pondera.

Um alongamento. Um bocejo. Uma boca se abre respirando profundamente.}

– Você está aí?

Sim, estou ouvindo.

– Certo. Você pode me dar alguma inspiração?

Quando eu fizer isso, o que você fará com ela?

– O que quer dizer com isso? Como vou saber a resposta? Como posso saber qual será a inspiração antes mesmo que a energia chegue?

O que realmente estou perguntando é se você vai usar a inspiração de alguma forma.

– Hum... Sim. Claro!

O que você fez com a da última vez? Aquela grande visão para seu futuro que lhe dei?

– Ah. Sei. **Aquela**.

{Meus olhos se fecham e pensamentos de energia frenética girando e se dissipando nos éteres inundam minha mente.

O Incriado.

O potencial perdido. Suas cutucadas ignoradas. Aquilo que nunca existiu.

No mesmo instante em que sinto a perda do que poderia ter sido, ela me inunda de amor.}

A inspiração é infinita e está sempre com você, desde que a ponha para funcionar. Você nunca pode ficar sem sua magia.

{Pausa.}

Está bem, pequena centelha, vá em frente e me peça novamente.

– Olá... Musa? Inspiração?
Podemos conversar?

Sempre.

– Estou sentindo um pequeno vazio. Poderia me mandar alguma inspiração?

Sim. Claro. O que você vai fazer quando isso acontecer?

– Irei criar.

Excelente. Vá criar!

Introdução ao
TARÔ DAS MUSAS

Isso será pouco ortodoxo.
Será experimental.
Poético. E estranho.
É para ser curativo.
Se mexer com você, pergunte por quê.
Se lhe fizer chorar, pergunte por quê.
Se lhe inspirar, pergunte por quê.
Se lhe fizer sorrir... pegue essa segurança
e engarrafe-a para quando for preciso.

Este projeto foi concebido como uma antologia.
Um soneto.
Um poema de amor para a Musa.
Um lugar para você pensar sobre
sua conexão com ela.
Um lugar para você sentir inspiração
para começar seu relacionamento único
com ela (assim espero!).
Ou ele. Ou isso. Ou eles.

Convido você a se juntar a mim nesta jornada de estímulo interior, incentivo, criação e aprendizado.

Espero que aprenda a se conectar com sua Musa, por meio de poesia, história, música e cartas. Que aprenda mais sobre o que lhe inspira e as ações que pode realizar para tornar sua trajetória de criação repleta de aventuras. Eu adoraria que você usasse este baralho como uma forma de impulsionar um milhão de ideias criativas ou de satisfazer sua vontade de ter uma conexão mais profunda com a magia em sua vida.

É meu grande desejo que você ria e brinque com grande seriedade, e que faça esta jornada com vigor e alegria. Almejo que possamos aprender mais sobre nós mesmos e nossas almas, abordando nossa própria inspiração criativa com toda a admiração e estupefação necessárias para ir além do racional. Que você conheça suas Musas interiores e comece uma amizade para toda a vida com esta energia mágica que sempre estará lá para elevar e inspirar quando você precisar...

Energia atmosférica para
afofar suas asas,
ou um pouco de musgo
para aterrar seu amor,
uma pequena fagulha para
acender sonhos colossais
ou uma maré para curar
suas feridas.

O que é a Musa?

inspirar | ins·pi·rar
do latim inspirare ("respirar ou insuflar")
inspirar vida, ou animar a vida pelo
sopro do Espírito.

Tenho certeza de que ela faz parte da minha alma e também da minha imaginação e, ainda assim, de alguma forma, é 100% real para mim. Ela é incrivelmente brilhante.

Ela é incrivelmente brilhante.

Ela é.

Eu **sou**?

Nós somos?

Seríamos então dois lados da mesma força de criação, trabalhando simplesmente para **criar**?

Talvez... ela seja *apenas a energia da inspiração*.

Possivelmente... ela é *apenas as ideias que vêm dos éteres*.

Ou... provavelmente... ela é *simplesmente a própria criação*.

A energia que sinto emanando dela é de criação.

Força vital. Estado de algo antes de diminuir a velocidade e se tornar matéria sólida. Estado de algo em potencial. Uma possibilidade. Um belo talvez.

Ela aparece de maneiras diferentes para mim. Às vezes, é personificada, como uma divindade, ou pode conversar e ensinar, em forma humana e na minha língua. E há ocasiões em que ela aparece não muito diferente de uma falha na percepção.

Como uma mudança de luz e sombra.

Como aquelas partículas de poeira através da luz solar filtrada.

Como aquele lugar que às vezes chego, profundamente em meditação ou transe, quando me perco e vejo luzes dançantes. Aquele lugar onde as coisas começam a parecer geometria sagrada e onde a única coisa que me acompanha é tudo e nada... somado a um profundo sentimento de amor.

Poderia ela ser uma invenção da minha imaginação ou uma projeção de minhas crenças?

Certamente.

Poderia ela ser a energia do Deus criador fundida por um momento, em forma energética, para beijar meu coração?

Certamente.

Poderia ela ser um eco do Universo que reside dentro de mim? Toda a energia do criador do Big-Bang da qual me origino e conecto?

Sim.

Não tenho certeza se ela é divindade, energia, fonte ou imaginação.

O que sei é que ela aparece para nós quando a solicitamos, e que nos guia para nosso próximo projeto conforme necessário. Sempre que estivermos alicerçados no amor, ela estará lá para nos ajudar a controlar e aproveitar nossa energia criativa. Sei também que ela oferece estrutura, objetivos e orientação, e que seu maior desejo é que caminhemos de acordo com nossa essência, em nossa própria vida e caminho.

Poderia ela ser amor?

Sim. Definitivamente.

Como usar este Baralho de Tarô Excêntrico

Pergunte. Pegue as cartas. Leia seus significados. Ria. Sorria. Imerja. Registre. Medite. Dance. Sinta.

Este baralho de tarô é uma peça eclética e peculiar, criada para despertar os sentidos e estimular sua curiosidade e intuição. Quando você joga com as cartas, a função delas é despertar a inspiração e as imagens da mente e dar-lhe as boas-vindas à experiência do arquétipo.

Você pode fazer uma pergunta ao baralho e ler as imagens como faria com um baralho de tarô tradicional, ou pode ler as histórias e poesias da carta permitindo que a metáfora ilumine sua situação. Pus neste baralho uma boa dose de parábolas poéticas e palavras maravilhosamente insólitas como uma forma de divertir seu poeta interior.

Acredito que a mudança mais poderosa começa dentro da agitação da mente inconsciente, e que o símbolo, a cor e a poesia são as linguagens metafóricas pelas quais ela se comunica. Creio também que a arte e a beleza são coisas que podem tocar a alma e auxiliar no processo de cura muito antes de sabermos conscientemente que a melhora aconteceu. Minha esperança é que este baralho seja um catalisador silencioso para uma cura criativa mais profunda e ajude você a aprofundar seu relacionamento com os sentidos intuitivos.

Se você for alguém aficionado por tarô, sentirá certa estranheza. Eu troquei os nomes dos naipes dos Arcanos Menores e dei a eles palavras que se alinham melhor com suas energias elementais únicas.

As fogosas cartas de **Paus** se transformaram em **Inspirações**, pois o naipe carrega as faíscas da movimentação e uma tonelada de energia criativa. As aquosas cartas de **Copas** mudaram para **Emoções**, pois o naipe nos ajuda a reconhecer nossas intuições e a sintonizar com os nossos sentimentos. As cartas **Espadas** aéreas se tornaram **Vozes**, pois as dificuldades que enfrentamos ao criar nossas vidas costumam ser resultado da comunicação ou das vozes dentro de nossas cabeças. E as cartas de **Ouros** terrestres floresceram em **Materiais**, pois este naipe trata de estabelecer segurança, riqueza e proteção.

Também não há **Reis**. Os reis de cada naipe se tornaram as **Musas** do baralho. Elas incorporaram a energia de seu elemento (fogo, água, ar e terra) e podem mostrar a você, depois de ter chegado ao final da jornada de cada naipe, como percorrer seus ensinamentos com elegância.

Quando comecei este projeto, imaginei uma experiência de áudio totalmente digital sem nenhum livreto impresso. Pensei em somente juntá-lo com a poesia... uma maneira bastante peculiar para se mergulhar no tarô, de fato. Essa visão mudou ao longo do caminho, mas ainda existem arquivos de áudio conectados a cada uma das cartas. Se você quiser ir mais fundo nesta energia da Musa, visite TheMuseTarot.com, onde encontrará poesias completas, lembretes criativos e arquivos de áudio para enriquecer sua leitura. Intuitivas trilhas sonoras de efeito curativo também aguardam ansiosamente sua chegada. Elas foram carinhosamente criadas pela harpista italiana Pauline Fazzioli e levarão sua experiência com o Tarô das Musas a outro nível.

Minha esperança é que você pule nas cartas (e suas músicas) e visualize-se conversando com os personagens que vivem nas paisagens da Musa. Você pode usar a sabedoria deles como uma forma de obter uma compreensão intuitiva de sua situação ou pode usar a imagem da carta como uma sugestão criativa e simplesmente mergulhar em seus próprios desejos para criar mais beleza no mundo.

Se você deseja um ponto de partida rápido para a poesia ou qualquer coisa artística, adicionei palavras-chave e lembretes da Musa para cada carta.

Ela ficaria absolutamente encantada se este baralho ajudasse você a se conectar com sua Musa interior. E então, se cartas são algo novo para você, espere até se familiarizar com este guia fora dos padrões para ter segurança para fazer o que achar certo no momento!

Não há regras.

Apenas esteja presente com seu coração e sua inspiração será precisa.

OS ARCANOS MAIORES

0. O LOUCO

PALAVRAS-CHAVE: uma nova jornada, começos, confiança no Universo, um momento de otimismo, desconhecimento do que está por vir, ingenuidade, necessidade de aprender novas habilidades, paralisia analítica, um salto de fé

LEMBRETE: beleza incerta

Ela cantarola uma música que conhecia e, almejante, salta para um abismo de estrelas e possibilidades. Pensamentos ávidos. Coração acelerado. Expectativa alta. Um milhão de partículas coloridas de poeira estelar se erguem para encontrá-la, e ela cumprimenta o mito e a oportunidade enquanto avança. Ela vê seu futuro aqui, neste lindo redemoinho de luz e potencial. *O que você está procurando?* pergunta a Musa. "Algo corajoso", ela sussurra. "Algo novo". Por um breve momento, ela se sente despreparada. Ingênua. Insegura. Insensata. E se pergunta: "Você está pronta para isso? Você consegue fazer essa jornada?" A Musa quer que ela se lembre de que está pronta e que consegue. Quer que ela acredite em sua própria magia. Assim que salta, ela se inclina confiante e começa a cantarolar mais uma vez uma melodia que soa diferente desta vez. Magnificente. Épica, até. As notas fazem o espaço seu ao redor vibrar, e seu novo caminho começa a se estender, não lhe deixando opções a não ser continuar.

*Salte sem medo para adentrar
o mar do cosmos,
a energia potencial o aguarda —*

*Hoje, talvez seja insensatez
mas é melhor ser aquele que age
do que aquele que protela*

1. O MAGO

PALAVRAS-CHAVE: uma poderosa mensagem de sua magia criadora, grandes habilidades de manifestação, adulteração de sua realidade, conexão com os quatro elementos, talentos e habilidades latentes, criatividade, distanciamento de manipulações e o mau uso do poder, um tempo para buscar boas intenções, percepção da verdade versus ilusão

LEMBRETE: encantamento alquímico

Esticando seus braços para o alto, ela tece e dá forma à própria realidade. Com determinação e a magia dos éteres nas mãos, ela exerce todo o potencial do cosmos e o lembra de que você também tem tudo de que precisa para dar forma aos seus desejos. Os quatro elementos sustentam esta jornada, então ela caminha nas cordas do tear mágico para trazer a essência dele à realidade. Com a vibração do som, do coração e do pensamento, ela promete tecer um mundo melhor. Uma substância divina e luminescente se forma entre suas mãos. Costuma acontecer rápido quando a intenção dela é criar algo que *cure os outros*. Algo transcendente e totalmente enraizado no amor. Ela convida você a acolher um estado de transe, a fim de explorar os espaços liminares do seu potencial criativo. A sentir e conhecer o seu desejo e o seu objetivo final e extrair toda a matéria energética para torná-la real. Dar-lhe forma. Padrão. Cor. Espaço. *E assim é.*

Encantamento decoroso,
Fé e ação,
Respiração e repouso,
Com meu coração e com foco no amor
Seguro o espelho
Emanando seu fulgor

2. A SACERDOTISA

PALAVRAS-CHAVE: poderes intuitivos e poderosos impulsos do Espírito, sonhos psíquicos, um momento para ouvir seus instintos, introspecção, visões e chamados dos céus, segredos, sabedoria oculta, permissão para que seus projetos germinem no espaço numinoso e liminar

LEMBRETE: sagrado absoluto

Ela se senta com um pé neste reino e o outro nas profundezas do campo cósmico da informação. Seu trono é feito de oceano e areia – um condutor da sabedoria ancestral e dos mistérios divinos que são passados para aqueles que a procuram de peito aberto. Ela alcança a Lua e mantém a energia pulsante em suas palmas, ouvindo as revelações da Musa. Ela pede que você se abra para os segredos lunares e, à medida que a metáfora e a mensagem se espalham em línguas estranhas, você deve confiar em sua intuição para traduzi-las. Seus instintos são um poderoso sistema de orientação, e a Sacerdotisa o lembra de que trabalhar com as energias sutis do espírito trará a você a verdade absoluta. Profética, até. Preste atenção aos seus sonhos e ao seu terceiro olho, pois mensagens poderosas e significativas estão chegando para você agora. Mantenha sua *voz interior* aberta para que possa *ouvir internamente*.

Como o oceano, você sente
Olhos não congelam com sua reação apavorada
E nos conectamos pela superficialidade velada
Na verdade délfica, transparente

3. A IMPERATRIZ

PALAVRAS-CHAVE: nutrição energética, amor maternal do Universo, Gaia e o divino feminino, fertilidade, cura, amor-próprio, compaixão, criação de um caminho curativo para você e para os outros, criatividade desenfreada

LEMBRETE: fruto da criadora

Transbordando criação, a Imperatriz passeia graciosamente em seu jardim de ideias. Ela assobia tons de geometria sagrada e espirala sua voz em belíssimos padrões e linhas do tempo. As sementes germinam, as plantas começam a crescer e, de algum lugar distante, ela ouve vozes de crianças cantando, preparando-se para a vida. Sorrindo, ela puxa o capuz para trás e cobre os caminhos deles com uma nova energia. Planetas, mundos, vidas e amores espiralam, auspiciosamente, de seu núcleo de semente estelar, chegando até você. É possível acessar essa energia ancestral criadora e dar à luz suas criações a partir do recurso mais disponível: *o amor*. Você é feito desse mesmo pó de fada e moldado a partir dos elementos que se originaram do interior do coração bigue-bangue dela. Use as reflexões da Imperatriz para trazer à tona suas visões mais requintadas. Afinal, as sementes douradas desta Musa estão em toda parte. Ou, espere... você achou que aquelas sementes eram limões? *Hmm* – ela pensa – *que dia perfeito para uma limonada.*

*Bolhas e contemplações da terra,
Todos os sonhos e tudo o que é fecundo —
A vida, repleta de criação, flui de costuras,
Derramamentos e fermentações do mundo*

4. O IMPERADOR

PALAVRAS-CHAVE: sucesso e estrutura, liderança, o divino masculino, planejamento e entrega, construção e expansão de um império, legado, um empresário, um visionário, um provedor, momento para o pensamento estratégico

LEMBRETE: estratégia fundamental

Ela dedilha e envia um quarteto de cordas boreais para o céu. Um simples júbilo, com o qual ela alegremente presenteia as pessoas que estão embaixo. As luzes servem como um lembrete de que existe uma sinfonia de vida ao redor deles... algo maior que nem sempre é evidente de todos os pontos de vista. Ela pisa na paisagem sólida com toda a força e liderança harmônica que uma poderosa Musa Imperadora pode conceder, compartilhando seus segredos de sucesso com você: Lidere com confiança. Graciosamente. Capacite as pessoas ao seu redor a fazerem seu melhor trabalho. Seja um guardião. Um provedor. Um administrador. Reavalie o quanto você se preocupa em suprir a si mesmo... e os outros. E então o coração dela se ilumina ao ver o alegre cantarolar terrestre das pessoas abaixo. O brilho dos sonhos satisfeitos aquece o cume das montanhas, e a paz enche o vale abaixo ao perceberem que estão protegidos, alimentados e seguros.

Autoridade. Estabilidade.
Essas coisas fornecem. Controle.
Idealize agora. E reivindique sua liderança
Proteja e nutra. Seu objetivo.

5. O HIEROFANTE

PALAVRAS-CHAVE: um professor espiritual, encontro com o guru interior, sistemas falhando ou desatualizados, instituições ou crenças em ruínas, fé recém-descoberta, coisas brilhantes e vazias, uma jornada espiritual

LEMBRETE: bondade institucionalizada

A pequena viajante demorou muito tempo para chegar até aqui... neste lugar... com esta Musa de perfeição e luz. E quando finalmente chega ao pé deste oráculo, espera que sua guru a veja e dê a ela uma fatia de sabedoria como resultado de sua fé inabalável. Querendo ter certeza de que executará o ritual perfeitamente, ela acende uma pequena fogueira para aquecer sua alma e começa a fabricar sua lanterna devocional, como a maioria faz quando chega a este lugar. Enquanto trabalha, uma voz inunda sua consciência: *Doce alma, obrigada pela visita. Peço-lhe que olhe para a forma à sua frente. Você está me adorando por causa da minha aparência ou pela maneira como eu ajo? Ou adoramos o mesmo? Não somos iguais, você e eu?* A Musa pisca e continua: *E aí está o segredo, belo coração. Eu vejo você. Eu vejo sua profunda sabedoria interior. E vejo que agora é hora de liderar a si mesma.*

Caro professor, sagrado mentor,
Caro guia e líder doce como mel,
Sinto gratidão por seu coração
Rede solta lançada ao léu

6. OS ENAMORADOS

PALAVRAS-CHAVE: almas gêmeas, amantes, atração, parcerias, uma escolha, parentesco sagrado, amor, uma cutucada para perguntar o que você criaria se o amor fosse o ingrediente principal

LEMBRETE: texturas de emaranhamento

Tudo o que ela pode sentir é o doce perfume da flor conforme a curiosa paisagem muda. Isso a atrai para cada vez mais perto... como se o aroma enchesse a própria areia deste lugar. Ela se sente atraída por um fio completamente invisível. Acima, uma lua de lótus paira no céu, e asas gigantes acariciam suas pétalas. É uma sensação de amor e luz solar. *Seria um cupido? Um anjo?* Ela não sente medo... até o momento em que vê... a outra pessoa se aproximando da margem oposta. Seu coração salta. Ela se sente animada e atraída pela graciosa criatura. E ambos têm consciência de que a fascinação é mútua. O antigo pânico começa a aparecer. Surgem memórias no estômago dela. Experiências prejudiciais. E o farfalhar de asas desce e os aproxima. *Pequeno espírito, se você quiser amar, deve fazer a escolha de amar. Deve dizer sim ao seu coração antes que a flor se abra.*

*E as memórias são
Atadas com o luar.
Escolhas. União. Doses.*

*Uma sensação de mundos
Tornando-se um.
Corpos. Ofegantes. Vozes.*

7. O CARRO

PALAVRAS-CHAVE: força de vontade com confiança, controle, determinação, movimento, viagem, fé em si mesmo, cuidado para não prejudicar os outros, movimentação destemida visando um sonho, manobra de forças distintas na mesma direção, consciência de onde se quer chegar

LEMBRETE: o ritual da vontade

    Ela tomou as rédeas de seu coração e do olho de sua mente. Subindo ou descendo, ela está determinada a chegar lá, e nada ficará em seu caminho. Atraindo o poder do cosmos em seu plexo solar, toda a sua força de vontade se derrama na noite gravando seu caminho na areia. Mil cavalos trovejam no terreno abaixo dela, e ela estica as mãos para se conectar com essa energia galopante. Os cavalos têm noções diferentes de para onde querem correr.

Alguns puxam para a esquerda, outros para a direita, mas a Musa do Carro – com toda a sua convicção e determinação – guia essas belas criaturas selvagens para o caminho certo. Ela deseja lembrá-lo de que sua vontade é sua magia e que seu propósito guiará seus passos adiante. Avance com confiança porque com movimentos constantes e controlados você visualizará seu sonho à distância e o alcançará.

Cocheiro, cavalgue com resiliência
Oceanos, tempos, um lugar distante.
Veja a meta, libere sua essência
Passos determinados sempre avante.

8. A FORÇA

PALAVRAS-CHAVE: influência sutil e força, coragem, serenidade feroz, inocência, pureza de pensamentos e ações, tranquilidade honesta, liderança gentil, flexibilidade e força diante de incertezas, pureza, integridade

LEMBRETE: a coragem gentil dos anjos

"Oh, que visão curiosa nós devemos ser" ela medita. Esta pequena coisa, empoleirada em sua cabeça, lidera o caminho com sua respiração. "Ahhh, mas eles não a conhecem como eu", continua ele, "e toda a força que você carrega." Ele podia sentir uma onda de brava tranquilidade irradiar de dentro dela. Toda aquela resistência flexível. Toda aquela suavidade. E ainda assim, de alguma forma, todas as feras – tanto as maravilhosas quanto as terríveis – parecem ter grande prazer em se curvar diante dela. Eles cedem à sua força silenciosa e reverenciam seu comportamento pacífico, pois o poder em sua respiração é a calma incorporada. Ele olhou para os dedinhos dos pés dela com sua visão periférica e levantou a cabeça para trás para lambê-los. Ela deu uma risadinha e se inclinou colocando os braços pequenos em volta do pescoço do felino apertando-o suavemente. "É verdade", ela sussurrou. O amor dela o detém em seu caminho, "Que luz curiosa devemos ser."

Serenidade feroz. Um aceno gracioso.
Para a fera. Para o medo.
Para a escuridão.
Uma calma enraizada. Ela reivindica seu poder.
Em direção ao vento. Em direção ao mundo.
Em direção a sua ascensão.

9. O EREMITA

PALAVRAS-CHAVE: um sábio ou mentor, sabedoria, orientação, introspecção, uma pausa, um momento para meditação e contemplação, encontro de sua voz, um intervalo, uma advertência contra passar muito tempo sozinho, um momento para ouvir seu coração

LEMBRETE: alívio sagrado

Oh, doce luz, como brilha! Ela está pronta para ver o milagre da luminosidade... a suave emanação dos éteres que sente em seu coração. Ela vê essa luz em sonhos e sabe que seu brilho vem junto com a luz do sol e da lua, então viaja sozinha sob as estrelas, ruminando sobre onde se origina e como acessar sua sabedoria mais prontamente. A Musa Eremita lembra você de *processar suas experiências como forma de aprender*, sabendo que seu próprio sorriso é uma ótima companhia. Ouça atentamente e veja as lições que vivem nas coisas mais simples. As luzes brilhantes que você vê em outras pessoas são um reflexo da magia que você já guarda em seu coração, então escolha palavras que alimentem seu caminho idealizado e fale com a paixão do propósito. É hora de encontrar o sábio dentro de você.

Na solidão, encontramos a Musa
Na solidão, ela guia
Em gratidão, ela nos ajuda, reclusa
Na escuridão, ela confia.
Quando procuro dentro de seu coração,
Ela me diz que estou em liberdade —
Então parto, em meio à solidão
Porque esta Musa — sou eu de verdade.

10. A RODA

PALAVRAS-CHAVE: um momento de sorte para seguir em frente, destino, fado, um giro na Roda, os altos e baixos da vida, busca por serendipidade, tempo fortuito, ciclos de mudança

LEMBRETE: circunstância cíclica

Ela já esteve aqui. E também lá embaixo. Ela já esteve em todos os lugares. Ninguém, nem mesmo a Musa da Roda, aprendeu a amar a vida ao máximo sem experimentar a ausência de satisfação de vez em quando. Ela aprendeu a aproveitar todos os estágios, aceitando as subidas e descidas das energias cíclicas da Roda. Ela adora girar a roda do destino para os outros... sabendo que suas memórias difíceis ou desconforto cármico podem ser curados. Ela irá presentear você com as sementes da serendipidade e do destino, e pede que as carregue consigo para que possa plantar suas oportunidades de sorte ao longo do caminho. Em troca, você deve buscar sua boa sorte com fervor, sabendo que seu destino está borbulhando magia positiva. No momento, ele está adormecido, pronto para ser encontrado. Siga as migalhas de riso e amor, porque estão ao seu alcance.

Às vezes,
as sementes da serendipidade
Aguardam dormentes
até serem requisitadas
E as ondas de sincronicidade
Exigem ser notadas e não capturadas

11. A JUSTIÇA

PALAVRAS-CHAVE: verdade e integridade, compensação justa, lei, causa e efeito, responsabilidade por suas escolhas e ações, equilíbrio, equidade, carma, ética, consequências, retribuição

LEMBRETE: alterações cármicas

E todas as coisas correm pela mente dela enquanto se aproxima do portal da Justiça. Mesmo que o destino seja o mesmo, a maneira como ela chega tem grande influência na experiência de viagem. *Eu fiz a coisa certa? Sinto orgulho de minhas ações? Fui honesta e justa? Eu ando com integridade? Agi alinhada com meu coração e com meus valores?* As intenções benevolentes dela semearam um caminho com experiências positivas e maior facilidade. Com um coração lúcido, ela assume total responsabilidade por suas ações e, com a lei de causa e efeito, sua realidade foi moldada da mesma forma. No início, há escolha. No meio, há Justiça. Lei. Carma. E, no final, encontramos nossos próprios corações com grande clareza.

*Tudo o que resta são nortes
E tudo o que faço é perambular
Quando certo e errado são vozes
A consequência é o preço a se pagar.*

*Desvio Inconsequente
E do preto e do branco
devo me afastar
Quando minha paixão
claramente me impulsiona
E me leva para longe do que é azar.*

12. A MUSA ENFORCADA

PALAVRAS-CHAVE: inversão de perspectiva, nova visão das coisas, sintonia com o Universo, desapego, novos pontos de vista levando a novos conhecimentos, compreensão empática, lições espirituais

LEMBRETE: exposição perspicaz

Ela flutua até o topo do mundo e engancha os joelhos em torno da linha do tempo de sua jornada. Ela está muito atrasada para esta pausa, e as coisas abaixo acabaram ficando um pouco *fora de controle* ultimamente. Com uma inspiração profunda, afunda na atemporalidade para aproveitar este momento. Este presente. Ela deixa de tentar controlar tudo e permite que a verdade flutue à superfície de sua consciência. Qualquer sabedoria que ela receba aqui hoje será implementada... mais tarde. A Musa Enforcada pede que você tenha um vislumbre de sua vida. Acesse os vários anos passados, identificando as coisas que você não pode mudar. *Desapegue.* Lembre-se de que você vê através das lentes de suas próprias histórias, moldadas apenas por suas percepções e experiências. Quando você se dá a liberdade de ter pensamentos maleáveis, pode mudar sua realidade com um simples balanço na linha do tempo da vida.

A perspectiva muda, o ego brinca,
A realidade se rasga e, em pedaços, espirra.
Aquele que chora logo melhora,
— só desejo o amor, por ora.

13. A MORTE

PALAVRAS-CHAVE: renascimento, regeneração, metamorfose, morte de um relacionamento ou ideia, términos, desapego, coisas que não são mais necessárias, garantia de que você não está se apegando a sonhos superados e desejos antigos, novas oportunidades

LEMBRETE: ritos de passagem

Essa poeira antiga. Os pulmões dela cheiram a isso, a essa *estagnação*. E seus eus fragmentados querem lutar para superar as amarras que ela mesma criou. Ela poderia abrir o coração para ver claramente o renascimento que está sendo oferecido, mas às vezes *é tão difícil de ver*. A Musa sorri para nos lembrar de apenas desapegar... e permitir que o antigo se decomponha a fim de criar os nutrientes para o novo. Encha seus pulmões com o ar fresco de algo não experimentado, e saiba que esses lindos e férteis solos serão o caldeirão para as coisas com as quais você sonhou, mas ainda não encontrou. Deixe de lado as coisas que têm mantido suas terras estéreis e cresça em seu renascimento. Desperte para a verdade de que tudo o que você precisa está dentro de você e, com esta perspectiva de ver um novo crescimento, talvez você perceba que de longe um sepultamento e uma plantação se parecem muito.

Envelhecendo o sábio,
e dando sabedoria aos que não envelhecem
Transcendência, ascendência
Não seremos aqueles que padecem.

Apodrecendo o desgastado
E mudando as formações
Renascimento, renovação
forçando novas criações.

14. A TEMPERANÇA

PALAVRAS-CHAVE: harmonia, equilíbrio, o caminho do meio, um momento para evitar excessos, combinação de energias e ideias, alquimia, descoberta de um propósito, zona habitável, encontros significativos, transformação de uma lição de vida em ouro espiritual, paciência, cura

LEMBRETE: moderação medida

Os deuses tomaram partes iguais: *rápido* e *lento*, *material* e *espiritual* e *ela* e *ele*... e ambos as misturaram em seu caldeirão de lótus enquanto revitalizavam a Musa da Temperança. Eles precisavam desse equilíbrio e maleabilidade no mundo, pois sua voz da razão os uniria em uma bela mistura de unicidade. A Temperança não comete excessos. Ela não depende do escuro ou da lua cheia. Em vez disso, ela é um mosaico e funde tudo de uma maneira que transforma *o melhor do melhor* em uma coisa só. Ela insere propósito e harmonia na vida dos outros e seu maior dom alquímico é o tesouro da cura. Ela lembra você de transformar o desespero no dom da paciência e de combinar a necessidade de prosperar com a de desfrutar. Quando você percorre o caminho do meio que está disponível para você, quais áreas têm maior equilíbrio?

Eu sou o divino tecelão da dualidade.
Eu amparo você. Eu sou essência,
E nossa transformação
Está enraizada na mistura.

15. O DIABO

PALAVRAS-CHAVE: vício, escravidão, sentimento de manipulação ou prisão nos confins de sua história, necessidade de se soltar e se divertir, liberação

LEMBRETE: servidão escorregadia

Aproximando-se de sua queda potencial, eles começam a brincar com as cordas da tentação. *Como é maravilhoso se livrar da monotonia do dia a dia!* Eles dançam, cantam e agitam sua mente com um afrodisíaco do espírito. Mas quando chega a hora de voltar, percebem que não querem largar as cordas, nem parar a música que finalmente podem ouvir. Então continuam. Cedo demais, a ladeira escorregadia do desejo chega, e eles percebem que seus braços estão sem vida... como fantoches. No entanto, precisam continuar se movendo. Balançando apaticamente, eles culpam o Diabo por sua situação, embora sejam eles que estejam puxando todos os cordões, liderando sua dança sem fim. A Musa pede que você veja suas algemas autoimpostas a fim de encontrar sua soberania e liberdade, e que reescreva sua história para que possa entrar em sua verdade. Pois você, tecelão divino, é o guardião de sua bela alma.

*Quem é o diabo,
senão uma decisão atroz,
uma captura e cordas?*

*Quem é o diabo,
senão minha própria voz,
A que nunca faz acordes?*

16. A TORRE

PALAVRAS-CHAVE: mudança inesperada, uma troca massiva, crenças destruídas, paradigmas invertidos, uma oportunidade de reconstruir sua vida de novas maneiras, flexibilidade, fragmentos de luz no caos

LEMBRETE: uma fenda na realidade

Olá, fragilidade. Quando a vida aparentemente desmorona e tudo parece quebrar em um milhão de pequenos fragmentos, a Musa da Torre pode ser chamada para limpar qualquer situação e com cuidado... *oh, com muito cuidado...* pegar as lascas de sonhos desfeitos e de ingredientes incompatíveis. Ela se sente atraída por momentos de disfunção e por grandes blocos estagnados de energia. Como um fabricante de quebra-cabeças cósmico, ela remove situações superadas a fim de ajustar à força o novo e busca os diamantes que estão sempre escondidos logo abaixo da superfície das fraturas da vida. Criando beleza a partir do caos, é a reconstrutora de histórias, sonhos e almas e o lembra de que não há necessidade de ter medo da mudança e que ela jamais seria atraída para qualquer situação que fosse perfeitamente equilibrada ou completa... portanto, confie que qualquer desconforto que sua mudança traga hoje ajudará a mudar as coisas para um realinhamento perfeito mais tarde.

Inesperado. O tapete fora puxado.
O céu está caindo.
Implacável. Retrocesso.
Bloqueado. É assim que começo.

17. A ESTRELA

PALAVRAS-CHAVE: esperança renovada, expectativas, positividade, sonhos chegando, recompensas, tempo divino, oportunidades, percepção do belo em sua situação

LEMBRETE: otimistamente controlado

A Musa Estrela ouve o próprio nome sendo chamado em todo o cosmos, e se levanta para ouvir o otimismo acenando daqueles que permitem que sua energia se instale em seus corações. Um pé na água e outro na terra, ela é capaz de aproveitar o poder do mar e das estrelas e usá-los para nutrir sonhos. Ela alimenta desejos, profundas autodescobertas e desejos brilhantes de um futuro melhor... e com luz e clareza oferece a você uma mensagem poderosa de realização – junto a uma piscadela alegre com a paciência de expectativas esperançosas. Tome um gole da fonte de fé dela e acredite em seu incrível poder para alcançar seus objetivos. Abra seu coração para a luz das estrelas e do sol da Musa... sabendo que sua magia está aqui para você hoje, e que traz consigo uma promessa de esperança renovada e confiança em sua capacidade de brilhar.

Emerja. Doce luz
As estrelas chamam
Emerja, um sonho ocorrerá

E preencha o seu céu
Com esperança, encanto,
Desejo brilhante, e a confiança chegará.

18. A LUA

PALAVRAS-CHAVE: ilusões, verdades ocultas, sombras ao luar, enfrentamento de seus medos, conhecimento obscuro, necessidade de confiar em sua intuição, instinto, as coisas que você não pode saber neste momento, iluminação sutil

LEMBRETE: reflexões confusas

Ela está tendo problemas para ver as trilhas que se avizinham. Duas donzelas iluminam o caminho, mas nenhuma pode iluminar o que existe além da névoa do horizonte. O conselho delas é sintonizar com a lua e confiar na voz interior. Ela aperta os olhos para ver, e a superfície aquosa prega peças no escuro. As sombras das sombras lançam ilusões, e sem a verdadeira clareza ela se encontra acalmada. Receosa. Insegura. Ela respira fundo, e a Musa da Lua se move enquanto sua luz se curva e se alonga. *Criança da Lua, existe uma sabedoria ancestral a frente, e ainda assim você deve serpentear em meus fluxos de confiança inconsciente iluminados pela lua e permitir que sua intuição ouça os suaves toques de seu conhecimento.* A voz dela flui mais alta agora: *Encontre paz em meio às sombras, pois há magia profunda lá. Encontre a verdade em seu próprio discernimento. Às vezes você pode não saber até percorrer o caminho.* Saiba que o seu caminho às vezes será de incerteza e permita que seus medos se dissipem quando o sol aparecer no horizonte ao amanhecer.

> *Dobrado ao longo do tempo,*
> *você foi escrito em poeira estelar,*
> *e os mares de ilusão*
> *são suas montanhas para escalar.*

19. O SOL

PALAVRAS-CHAVE: positividade poderosa e sucesso, otimismo, alegria, felicidade, celebração, família

LEMBRETE: ponderação jovial

Em um mundo repleto de sol e sombra, ela sempre encontra uma partícula de tempo para fazer uma pausa e abraçar a luz do sol, pois a energia do Sol é a própria vida. A energia divina. A vontade de crescer e prosperar. E a capacidade de fazer isso. Quando ela desacelera e faz uma pausa, consegue estender a mão para saudar essa enorme onda de energia positiva. Sua mente gira linda, pacífica e hipnoticamente sob o feitiço de formas geométricas e fluxo total do divino. É uma dança de ideias e de memórias curativas, porque, *oh, como o sol pode curar!* Ela lhe envia uma mensagem amorosa de felicidade encontrada e sinaliza seu sucesso futuro. Espere liberdade total. Seja otimista quanto à sua alegria. Ela flutua, sabendo que você irá experimentar isso em breve, e que a vida está prestes a ficar muito melhor.

> *Sol mandala, sou seu descendente*
> *Seu toque de cura, minha Musa*
> *Celebro profunda e amplamente*
> *E toda minha alegria é inclusa*

20. O DESPERTAR

PALAVRAS-CHAVE: o despertar para a sua natureza divina, julgamento, aquiescência das consequências, ascensão, aceitação e perdão de sua bela alma

LEMBRETE: expansão intrínseca

Elevando-nos acima das nuvens, encontramos clareza. Em nós mesmos. Em nosso passado. Em nossas ações. A chave para este julgamento, este despertar, este reconhecimento do coração e da memória, é ser capaz de distribuir autocompaixão radical e perdão. *Veja a si mesmo como a bela centelha de inspiração que você é.* Você é divino. Amor. Mistério. E quando se abrir para essa bela verdade, verá que suas falhas estão enraizadas em sua *humanidade. Bela alma. Luz brilhante*. Desperte para a magia que possui em seu coração e veja seu passado como a lição incrível que ele foi. Uma história de coisas belas e quebradas que o trouxeram até aqui, a este momento, a este lugar onde pode testemunhar a sua própria magnificência... onde o único julgamento a ser estabelecido é por seu próprio coração honesto, e onde o perdão do espírito é o remédio para seu lindo futuro.

> *O que somos nós senão cinzas*
> *Fogo, água e ar*
> *Atadas com pura magia*
> *E salpicadas de oração?*

21. O COSMOS MUNDIAL

PALAVRAS-CHAVE: conclusão, sucesso, realização, celebração, término bem-sucedido de um ciclo, encerramento de um ciclo, ascensão, um momento para amarrar pontas soltas, planos de viagem, um lembrete para seguir adiante

LEMBRETE: alcance vibracional

Ela se lembra da garotinha que costumava ser, pulando do penhasco e nessas águas desconhecidas da magia divina. E agora, ela mora aqui... totalmente à vontade neste oceano de criação... surgindo de seu vasto Universo com o mundo em suas mãos – e tudo está chegando ao fim. Toda a energia está culminando em novos finais emocionantes de sucesso e alegria. Ela sorri, porque o fechamento da fruição é doce. *Você conseguiu. Comemore. O ciclo terminou. O círculo se fechou.* Ela pede que você aproveite o próximo capítulo e testemunhe o sucesso que está a caminho. Em breve, você se preparará para ser o Louco mais uma vez, pronto para outro novo oceano de possibilidades. Mas, primeiro, um momento para respirar e desfrutar de suas realizações. Você merece este sucesso!

Na totalidade,
ascenda agora
Brilhe
A cúspide de alegria o cerca —
Doce círculo
De metas cumpridas
A ascensão está completa

OS ARCANOS MENORES

Nipe de Inspirações

Ás de Inspirações

PALAVRAS-CHAVE: recomeços positivos, novas inspirações, faíscas, oportunidades, novos ciclos de manifestação, a gênese de esperanças e sonhos, downloads criativos, vencer bloqueios, ideias iluminadas, paixão

LEMBRETE: invocações que acendem

Este Ás pulsa com a eletricidade de ideias inspiradas e as ilumina na imaginação de outras pessoas. Ela oferece começos apaixonados, reflexões brilhantes e todo o combustível criativo de que você precisa para trazer novas experiências à superfície de sua realidade. Um dos lugares favoritos dela para passear é o deserto, pois ele guarda enorme beleza entre suas areias. É um lugar onde as pessoas costumam confundir a severidade com o vazio, e o vazio com o nada, mas ela o lembra de que a energia criativa potente e exuberante reside em toda parte... quando você busca isso. Encontre a sua esperando no auge de seus desejos, pronto para incitar alegria selvagem e profunda paixão. Ela sussurra para que cante sua própria canção de inspiração divina, consciência e fogo criativo. Permita que sua chama de inspiração brilhe com mais intensidade. Isso irá iluminar o caminho para o seu sucesso!

Fale comigo no sol e no ardor
Fervor criativo, abençoe esse louvor
E, quando orar, eu estarei lá
Surgido de uma oração para inspirar.

2 de Inspirações

PALAVRAS-CHAVE: busca de novos caminhos para si, superação da zona de conforto, ativação de potencial, desejo de novas experiências, viagens e aventura, casa e família, um coração cheio de ideias e sede de expressão, manifestação

LEMBRETE: complacência sonhadora

O 2 de Inspirações vê os desejos dela no horizonte e começa a manifestar a chegada dessa oportunidade, ativando-a em seu coração e em seus pensamentos. Ela ainda tem um pé enraizado em sua antiga vida, mas está dando o primeiro passo ao espreitar a cabeça para fora para se abrir para a possibilidade desse novo caminho emocionante. *Oh, as coisas que ela poderia fazer!* Às vezes parece ser predestinado, outras vezes parece selvagem. E, ocasionalmente, como hoje, ela percebe que todo o pensamento e sonho nunca substituirão o fazer. A ida. Esta Musa o lembra de pegar suas malas, seus ingressos, suas bugigangas e seus talismãs e avançar para o invisível. Dar esse passo mudará para sempre sua trajetória e, se quiser seguir na direção de seus sonhos, deve fazê-lo ativamente. Uma vida extraordinária requer escolhas extraordinárias.

E eu planejo minha fuga,
Imaginando a busca do aprazível
Sabendo que a coisa mais difícil de se escapar
É o medo da minha zona de desconforto

3 de Inspirações

PALAVRAS-CHAVE: progresso, esperança de que as coisas se encaixem, expansão de ideias, oportunidades de negócios, sonhos no horizonte, ambições e objetivos claros, um sinal de que coisas boas estão chegando, pausas divinamente implementadas

LEMBRETE: fragmentos de desempenho

Alinhamento. Ela tem objetivos elevados e sonhos gigantes, e às vezes, quando sonha tão grande, pode precisar de algumas mudanças até que as coisas se alinhem. Este espaço entre os primeiros passos dados e a visão dos sonhos realizados pode parecer frustrantemente vasto, e o 3 de Inspirações sabe que ela deve confiar que as coisas estão acontecendo em segundo plano, mesmo que ela não possa vê-las. Ela já esteve nesta porta antes, manifestando-se e esperando, e aprendeu que permanecer fiel à sua visão é a chave. Ela o lembra de continuar a fazer o trabalho enquanto busca ativamente os sinais de que seu futuro radiante está a caminho. Aproveite este intervalo natural, tomando cuidado para não se perder na dúvida, mesmo que esteja passando por atrasos. Cuide para que os ventos quentes movam suas peças em formação, e saiba que é totalmente normal ter que esperar que os sonhos cheguem depois de dar os passos iniciais para fazê-los acontecer. Tenha fé. Sua chegada é iminente.

Os dominós da alegria que quero
O contagioso e que satisfaz
Permaneço no mar enquanto espero
Com todas as músicas que ela traz

4 de Inspirações

PALAVRAS-CHAVE: um evento ou reunião, um tempo com amigos e família, uma celebração, felicidade, um casamento ou outro marco importante, o sagrado vivenciado em sua comunidade

LEMBRETE: um festival de estabilidade

Uma para cada um dos quatro elementos. Este quarteto de criadoras senta-se em silêncio, absorvendo o momento. As luzes foram desligadas... e, em alguns momentos, a lua, o sol e as estrelas se alinharão. E enquanto elas olham para os sorrisos umas das outras, lágrimas de alegria começam a inundar seus sentidos. É isso. Algumas sentem arrepios (espasmos), outras sentem seus corações se expandindo, pois este marco é um daqueles que precisam ser totalmente sentidos e lembrados. O 4 de Inspirações nos ensina a homenagear os momentos em que nos reunimos com amigos e familiares, e nos lembra de comemorar nossas conquistas. Esses tempos marcam momentos de estabilidade, comunidade e ascensão alegre. Permita-se inclinar-se para essas celebrações na jornada e incuti-las na memória celular. Eles são a cola de sua história.

Uma reunião de confiança em ascensão
De fé e amor propício
Uma reunião de obrigação
O rito de início

Esses são marcos do pensamento coletivo
Alguns dão passos à frente
Quando fundações constroem seu lar
E é lá onde quer estar.

5 de Inspirações

PALAVRAS-CHAVE: rivalidade, desafios, "comparações", necessidade de colaboração, brigas internas ou tentativa de superar um ao outro, competição amigável

LEMBRETE: surtos de discórdia

A Musa olha para a rivalidade abaixo. O empurrão e a rasteira. As comparações. *As insuficiências.* Às vezes ela vê uma competição que dói, outras vezes ela testemunha uma competição saudável e produtiva que a motiva. Ela espera iluminar os efeitos positivos e negativos que esses desafios podem ter em sua vida. Encontre oportunidades de trabalhar com outras pessoas para o bem comum – e participe de competições amigáveis que servem como catalisadores para o seu sucesso. Como você compete na vida? Você lidera com suas ideias? Com seus sentimentos? Seu charme? Sua conversa profunda? Ou talvez seja com a sua sexualidade? Diferencie o tipo de competição que torna você uma luz mais brilhante daquele que diminui sua habilidade de brilhar. Use os espelhos sagrados desta Musa para ver que a pessoa mais importante com quem você compete é você mesmo. Toda a competição externa do mundo não pode demonstrar seu valor inato. Você já merece seus maiores elogios... e amor.

Uma guerra de corpos, cérebros e prosas
Para ganhar os títulos, nomes e rosas
E no final damos demais
De nossas almas e coisas banais

6 de Inspirações

PALAVRAS-CHAVE: vitória e reconhecimento, um retorno ao lar, um momento para ser visto, reconhecimento por um trabalho bem feito, gratidão, destaque, cura de seu medo do sucesso

LEMBRETE: a verdade do confete

O 6 de Inspirações está orgulhosamente em frente às luzes das estrelas. Ela se mantém graciosa, ousada e elegante diante do elogio. Sabe que deu toda a sua energia para esta vitória, e que durante a longa jornada até aqui – este lugar de reconhecimento e louvor – ela ofereceu todo o seu coração e dedicação para este sucesso. Triunfante, ela chega em casa para uma bela celebração e tem que aparecer agora – com coragem mais uma vez – para iluminar o caminho para que outros façam o mesmo.

Ela quer que você saiba que pode chegar ao mesmo lugar. Você deve dizer *sim* ao sucesso quando chegar o momento. Com humilde alegria e amor gigante, é hora de dizer sim a esta honra e ser o centro das atenções.

*Eu cresço
Diante desta luz para ser celebrado...
Reconhecido. Pois somente na aceitação
Desta integridade intrínseca posso
Verdadeiramente dançar com o divino
E compartilhar de um espírito proclamado.*

7 de Inspirações

PALAVRAS-CHAVE: defesa de sua posição, ataque, proteção à sua luz interior, opiniões negativas de outras pessoas ou mentalidades de escassez, validação interna versus externa, escudos energéticos, atenção à sua energia

LEMBRETE: bravata obrigatória

Depois de sentir a luz do sol dos objetivos alcançados e do sucesso provado, o 7 de Inspirações se encontra com a percepção turva e o coração pesado. Aqueles ao seu redor atacaram suas vitórias. Seu caminho. Sua posição. Alguns simplesmente não entendem seu brilho único e discordam dele, então tentam colocá-la para baixo. Outros desejam suas realizações ou *não gostam delas*. Há também aqueles que têm opiniões sobre o sucesso que confundem os próprios sentimentos frágeis sobre *o que eles não têm* com o que sentem por ela. Ela vacila, sentindo e absorvendo tudo. E, quando ela o faz, seu fogo começa a diminuir. Ele estala enquanto ela permite que o falatório externo entre em seu interior. Então ela se lembra de que se levantar, às vezes, pode significar que os outros não concordarão. Ela inspira e se acomoda mais uma vez. Enche seu coração de alegria. *Não fique esmaecido. Você merece este sucesso.* É hora de defender sua centelha e estender a mão com amor, afastando todas as trevas externas.

Defenda-se. Eu sou. Aqui estou.
Força. Eu consegui.
Não pegue. Não quebre.
Você não pode. Eu não vou.
Nenhum ataque irá sombreá-lo.

8 de Inspirações

PALAVRAS-CHAVE: viagem, velocidade, energia fluindo livremente, movimento, libertação de padrões presos, um momento para correr com uma ideia quando a inspiração bate

LEMBRETE: chances efêmeras

Ela sussurra sobre viagem, impulso e movimento. Acelerando por este reino, o 8 de Inspirações quer compartilhar um segredo com você: às vezes, você não precisa de todas as respostas para seguir em frente. Quando as coisas não funcionam simplesmente com um sim ou um não, você pode escolher a energia da *dualidade e de perguntas sem resposta* e continuar. Às vezes, você não precisa escolher um lado. Não precisa do sim ou do não. Não precisa do preto ou do branco... porque essa energia é rápida. *E se você piscar, ela se foi.* Isso oferece mais oportunidades do que falhas, e é exatamente como um fluxo. Esta Musa sussurra que você pode usar essa energia veloz agora. Esta vida é apenas um lampejo de momentos em um deserto de Universos em expansão, então levar-se tão a sério (a ponto de desacelerar seu ímpeto) servirá apenas para deixá-lo preso na areia movediça da energia pegajosa. Vá e se mova! É hora de movimentos e sonhos rápidos.

Velocidade.
Ela flui através de mim
Acelerando, passando correndo
Deslizes de movimento
e chicotes de linha do tempo
Tudo enquanto eu não estiver vendo.

9 de Inspirações

PALAVRAS-CHAVE: uma última defesa, proteção, estabelecimento de limites, um momento para seguir em frente, o empurrão final, desistência cedo demais, vigilância excessiva, defensividade injustificada

LEMBRETE: ventos de desafio

O 9 de Inspirações permanece graciosamente, pronto para esta última resistência. Depois de todo o trabalho, do treinamento, do tempo investido... e todos os prazeres e desafios ao longo do caminho, há um empurrão final para fazer tudo acontecer. Alguns desistiram. Outros caíram. Mas ela sabe que essa *resistência final* é o que fará *tudo valer a pena*. Ela estabelece os próprios limites de proteção, sabendo em seu coração que, se desistir agora, estará desistindo de toda a energia que já colocou neste esforço. Ela pede que você se levante e sustente seu norte. É hora de amarrar as pontas soltas, seguir em frente e cumprir seus objetivos, visualizando-os até a conclusão adequada.

Continue e o veja pronto
É a última posição que você toma.
Enraíze seu espírito nas próprias dunas.
Conforme acende e o coloca na
Paisagem do seu conhecimento
Onde toda a sua verdade reside.

10 de Inspirações

PALAVRAS-CHAVE: responsabilidades e fardos, gerenci•amento de muitas tarefas, o peso das promessas, busca de outros caminhos que ofereçam ajuda e orientação, sistematização e prioridade

LEMBRETE: o alimento do aceitar

O 10 de Inspirações sabe que tem que trazer fontes de inspiração para as massas, mas elas são tantas, e ela é apenas uma. E assim ela encontra ajuda ao longo do caminho, dando vida e propósito aos animais e às plantas, ao nascer e ao pôr do sol, e a todos que a ajudam. Ela adiciona beleza em todos os lugares, *alistando e aceitando ajuda* como uma forma de distribuir esses catalisadores de alegria para quem precisa. Ela sabe que não poderia assumir *tudo sozinha* todos os dias e conhece essa luta intimamente – o fardo de carregar muitas responsabilidades – e compartilha sua mensagem de *estar aberta para ajudar*. Peça ajuda quando você precisar. Priorize e simplifique. Não peça o impossível de suas reservas de energia ou de seu tempo, pois sua vitalidade é essencial para seu bem-estar. Siga o caminho constante da alegria em direção ao seu destino final. *Você está tão perto.*

Sem forçar, carrego este peso — Sozinho
Sem supervisão,
observo esses jardins — Em desalinho
Amarrado, eu me pergunto — Insensível
Impossivelmente sobrecarregado,
eu luto — Invisível
Determinado, um sucesso futuro — Brilha
Aceitação, um limite de amor — Uma trilha

Pajem de Inspirações

PALAVRAS-CHAVE: um milhão de centelhas de ideias, todo o entusiasmo do início, tempestade de ideias e plantação de sementes para novos projetos e futuros, começos de sucesso, a vibração da juventude, gosto pela vida, ideação e criatividade, possibilidades emocionantes

LEMBRETE: nuvens de chuva de criatividade

Uma nuvem de ideias floresce acima, surgindo com a empolgação do que *poderia ser*. Esta Pajem de Inspirações realmente não consegue se conter. Ela sempre tem um milhão de pensamentos fluindo em sucessão, e todos eles carregam faíscas de possibilidades infinitas. Ela ri com a ideia de colocar cada um deles em ação. Ela será a primeira a lhe dizer que lhe dará uma inspiração. Um pensamento.

Uma razão. Uma chuva forte no final de uma seca. Mas não é habilidade dela tornar essa ideia uma realidade. *Esse é o seu trabalho, meu amor.* O cabelo arco-íris dela balança com o vento e outra ideia surge sem esforço, desta vez para outra pessoa. Enquanto rega uma sinfonia de soluções, respostas e potenciais, ela os compartilha livremente. E agora é a sua vez de enraizar em sua crença, esperança e fé e agir para torná-las reais.

Dentro da minha mente esta vastidão
E todas as linhas
De luminescência.
Um código que mergulha fundo na escuridão
Com fragmentos radiantes
De complacência

Cavaleiro de Inspirações

PALAVRAS-CHAVE: criação espontânea e inspiração, riscos, um momento para seguir os sonhos, produção rápida, ação, entusiasmo e o pulso galopante que faz as coisas acontecerem, impulsividade, pressa, atitude imediata

LEMBRETE: sinfonia magnética

Fogos de artifício e chamas voadoras... este Cavaleiro de Inspirações está sempre buscando a emoção de tudo isso. A alegria. As lágrimas de felicidade. A adrenalina. Ela galopa em direção à aventura e ao caminho que é mais emocionante. Ela ouve o tamborilar da chuva e o chamado do vento... os grãos de areia sob seus passos... e sacode sua crina selvagem e ruge uma chama gigante para a vida. *Todos os elementos são maravilhosos*, ela pensa, *mas eu não desistiria dessa inspiração flamejante pelo mundo. Este incêndio. Essa paixão e propósito. Esse amor que incendeia os céus e ateia fogo em minha sinfonia.* Com entusiasmo e paixão, ela segue em frente, determinada e um tanto descontrolada... e ela convida você a correr com ela, e estar pronto para mudar para o mundo.

E lá na escuridão
A menor fagulha
Eu sabia que poderia
Alimentar esta fome,
E lá no coração
Do ventre e da razão
Uma Musa
Respirava meu nome.

Rainha de Inspirações

PALAVRAS-CHAVE: alegria, coragem, cordialidade, confiança, poder, entusiasmo dinâmico, uma criadora, conversas envolventes, aceitar tudo de si, uma líder turbulenta, ousada e poderosa.

LEMBRETE: o fascínio da intensidade

A Rainha de Inspirações se estende no horizonte e acena com a mão, convocando uma força invisível de intenção e amor. Ela é a personificação do calor e da confiança, da compaixão e da alegria determinada, e está buscando inspiração para a terra abaixo. Conectando-se aos éteres acima, ela recebe as chaves da criação e imbui a terra com *a crença na autoexpressão*. Esta Rainha é uma mensageira poderosa de criatividade conectada, e ela quer que você saiba o quão acessível essa força criativa é. Ela pede que você ouça os tons da criação com ela. Ela dedilha as cordas, uma a uma, e diz a você para se mover na direção do *desejo*, sabendo que você pode dominar essa realização e sucesso expressivos. Siga os sons de sua inspiração e entusiasmo e explore os limites de sua coragem, sua autoaceitação e sua liderança.

Toda vez que ela chega
O lugar é preenchido
Com a magia
Impossível...

E mais uma vez acredito
No poder dos sonhos
E no calor da
Inspiração infecciosa.

Musa de Inspirações

PALAVRAS-CHAVE: sucesso inspirador, um líder inspirado, um visionário, um momento para pensar grande, capacidade de reunir muitas partes em uma grande história, inspiração, ação, não criar expectativas irrealistas

LEMBRETE: a linha de chegada da fênix

Bem-vindo, pequeno viajante, ao Mundo da Inspiração. Espere ser iniciado de maneiras que você ainda não pode imaginar ¬– totalmente cativado por ideias e impulsionado por uma ambição entusiástica. Esta Musa oferece fogo para indicar os marcos de sua experiência e entusiasmo acelerado para acender a sabedoria em seu coração. Ela pede que você peça ajuda de outras pessoas ao longo do caminho e ela compartilha o poder de transformar em cinzas aquilo que o tem ancorado. Lembre-se de que seu caloroso casulo de confiança e determinação iluminará seu coração com fé e inspiração. Isso gerará uma energia de fênix que permitirá que você se eleve das profundezas de qualquer obstáculo que tenha sido colocado em seu caminho. Com o coração de uma borboleta vibrando e a respiração para entregar a vida, é hora de iluminar seu mundo. Visão e perspicácia serão seus guias. É hora de encontrar o sucesso intencional e *tomar medidas inspiradas conforme você se apaixona por seus objetivos.*

*Doce tecelão divino,
Por favor, envie-me uma Musa
Inspirada pelo fogo
Com essência escusa.*

Naipe de Emoções

Ás de Emoções

PALAVRAS-CHAVE: novos relacionamentos, novos sentimentos estimulantes emergindo, compaixão e criatividade, inteligência emocional e a intuição do coração, um momento para se conectar com quaisquer emoções reprimidas, cura, desbloqueio da criatividade

LEMBRETE: leitura das ondas do seu coração

Este Ás aquoso é tão fluido quanto a alga que dança e balança com as correntes. Ela está sempre borbulhando com novos sentimentos trazidos à vida, por baixo da superfície espelhada de suas costas criativas. A criatividade dela vem do coração... *uma inteligência guiada pela emoção*. Ela cria novas percepções e consciência de todas as conexões mágicas que contêm a gênese de relacionamentos amorosos. Ela faz isso por meio da cura, da fusão, da introdução e do mergulho em direção ao amor, todas as vezes. Ela o convida às profundezas da maré para nadar em águas curativas e emergir na superfície de sua própria verdade, onde abrirá rios de novas afinidades e experiências. *Belas novas conexões de coração estão a caminho!*

> *Estou tão indefeso para resistir –*
> *estou tão ansioso para insistir –*
> *E intencionalmente eu nado no*
> *Mar do novo... com nada*
> *Mais do que meu coração aberto e*
> *Meus bolsos cheios de esperança por*
> *Aquilo que as marés trarão.*

2 de Emoções

PALAVRAS-CHAVE: amor, relacionamentos, amizade, romance, parcerias, conexão com outras pessoas, almas gêmeas, atração mútua, catalisadores para colaborações criativas

LEMBRETE: consórcio com devoção

O 2 de Emoções oferece uma atração mútua que as deixa flutuando desamparadamente nas águas do amor e caindo em um futuro juntas. *Com todas as sensações.* Elas se encontram no mesmo comprimento de onda, impossivelmente atraídas por essa conexão que floresceu tão facilmente. Com as emoções sincronizadas, ambas sabem que essa conexão significará uma parceria duradoura e estão prontas para comprometer seus corações a longo prazo. Elas colaboram, trabalham e se misturam de maneiras que lhes permitem visualizar e criar sua realidade combinada. Esta parceria está disponível para você agora e requer comunicação honesta e autenticidade total, então mergulhe sem medo na compreensão de que é hora de se doar de todo o coração à outra pessoa. Esta é a única maneira de mergulhar no amor que está sendo oferecido. Permita que seus corações enredados façam o resto.

Enredadas.
Hipnotizadas.
Almas perfeitamente
Inclinadas.
Como nossas espirais
Engatadas
Novas emoções
Enfeitiçadas.

3 de Emoções

PALAVRAS-CHAVE: amizade e alegria, celebrações, colaboração, busca de apoio em sua família de alma, irmãos espirituais, corações conectados, amizades profundas, conexões entre donzela-mãe-anciã, às vezes um triângulo amoroso

LEMBRETE: coleção da alma

O 3 de Emoções é o emaranhado de amizades profundas e conexões amorosas. Elas começaram como três belas Musas: uma donzela, uma mãe e uma anciã, e tinham o mais encantador parentesco, tão incomum quanto divino. Passavam seus dias compartilhando as partes mais profundas de seu espírito. *Verdade. Honestidade. Vulnerabilidade.* Seus laços eram tão profundos que sabiam que eram parte da mesma família de almas e, com o tempo, começaram a se parecer e se sentir como as outras. Tinham maneirismos e risos semelhantes, compartilhavam formas de ver o Universo. Certo dia, suas almas começaram a se conectar e se entrelaçar, e elas mudaram para sempre a essência uma da outra, *como todas as amizades profundas fazem*. Elas o convidam a encher sua xícara com a manifestação de amor delas e a se conectar com seu círculo e com aqueles que você escolher receber em seu coração como família.

> *Eu amo nossos três corações*
> *De essência e espumante*
> *Coisas.*
> *Como as cordas*
> *Do passado, presente*
> *e Futuro...*
> *amarradas a essa*
> *Família de almas porque —*
> *Eu conheço você.*

4 de Emoções

PALAVRAS-CHAVE: perda das coisas maravilhosas à sua frente, tédio, insatisfação, busca de melhores oportunidades, cegueira à situação como um todo, um momento de contemplação e meditação

LEMBRETE: apatia e magia

Ela se senta em uma xícara energética gigante – sua quarta e melhor xícara – mas quando ela conta suas bênçãos, vê apenas três. As outras pessoas têm quatro taças, e ela pode vê-las claramente. E aqui está ela, presa em uma vida de três. Ela suspira, esperando que algum dia encontre uma quarta. Ela fecha os olhos e pede à Musa para ajudá-la a encontrar suas bênçãos mágicas. *Sem resposta.* Nada além das ondas batendo contra... *toc... tac... tuc... contra o que elas estão batendo?* A Musa ri e sopra bolhas de baixo, mudando um pouco o ângulo da luz do sol... apenas o suficiente para ela ver sua quarta xícara sob os raios brilhantes. *"Filha, você é a quarta xícara."* Dessa forma, a Musa o lembra de que você também é a bênção que está procurando. Você está vivendo dentro de seu próprio baú do tesouro e só precisa mudar sua perspectiva para vê-lo.

É chegado o momento
De desacelerar
É hora de meditar
Com as Musas

Veja o borbulhar
A alegria que vive.
Com quem foge
De escolhas obtusas.

5 de Emoções

PALAVRAS-CHAVE: processamento de tristeza ou pesar, perda, aprisionamento a um padrão ou emoção negativa, não ver a saída, choro sobre o leite derramado, desamparo aprendido, paixão pela sombra, um momento para encontrar uma nova esperança

LEMBRETE: força vital roubada

Quando todo o mundo parece gelo, o 5 de Emoções sabe que nos afastamos de nossas emoções mais uma vez. Ficamos com frio. Difíceis. Distantes. E ela sabe que há trabalho a ser feito para que possamos encontrar nosso coração novamente. É tão fácil sentir-se entorpecido e estéril. Ela sabe que por trás de tudo, sentimos falta da terna dor *da alegria* de nossos próprios corações. Ela sente tudo por nós. Toda a dor. Toda a tristeza. Todo o pesar. E todo o amor, os risos e a esperança. Então ela segura o gelo para nós, aquecendo-o com sua empatia do sol, derretendo-o em gotas de lágrimas. Ela pede que você abra o seu coração, pois o vasto oceano transbordará com todas as coisas que você precisa sentir para poder sorrir brilhantemente mais uma vez. *O processamento é um processo*. Sinta os sentimentos para que possa curar.

Eu temo o amor que sinto
Eu sinto tanto que me ressinto
Pois tristeza, alegria e amor demais
Podem ser sentimentos irreais

6 de Emoções

PALAVRAS-CHAVE: nostalgia, memórias passadas surgindo, velhos amigos, velhos amores, um tempo para estender a mão para aqueles de quem você já foi próximo, um lindo lembrete de quão longe você chegou, conexão com sua criança interior e seu eu futuro

LEMBRETE: lembranças em sépia

Tibum. Salto. Risadinha. Cabum! O mundo todo é um jogo! Lembra-se dela? Da menina experimentando os sapatos da mamãe. Ou ele? O menino pulando na poça para capturar sapos. Você pode senti-los? Às vezes, eles precisam ser abraçados e lembrados de que o mundo é um grande e lindo quebra-cabeças. Esta Musa segura um espelho do tempo à sua frente e pede que você se lembre de seu presente com clareza e amor. Ela o lembra de que amigos e familiares para toda a vida (e velhas chamas e alegrias!) podem ser chamados, acessados e experimentados, *mesmo que apenas em memórias*. Ela o lembra de que dentro desse espelho seus filtros de percepção mudam sua realidade, e que toda vez que você acessa suas memórias, você as colore... um pouquinho. Dessa forma, você tem mudado seu passado desde o dia em que nasceu, então por que não escolher se lembrar de uma forma que cura seu coração?

> *Eu me lembro de você...*
> *no mais doce dos fragmentos...*
> *Orgânico. Em evolução.*
> *Olhos abertos. Coração aceso.*
> *Nós amávamos e vivíamos*
> *como se fôssemos*
> *a manifestação da consciência.*

7 de Emoções

PALAVRAS-CHAVE: ato de sonhar acordado com o futuro, escolhas, manifestação, opções de classificação, alinhamento de valores, ilusões, fantasias, muitas oportunidades e saber quais são reais

LEMBRETE: colapso de uma escolha em realidade

Todas as coisas possíveis estão diante dela, e ela está fantasiando sobre ter todas elas. Essas belezas nadadoras são tão atraentes que a estão hipnotizando. Ela observa, sabendo que, hoje, ela pode escolher apenas uma oportunidade. Eles parecem iguais à primeira vista, mas quando ela vai mais fundo, todos eles têm nuances especiais. A Musa ilumina a água para ajudar a esclarecer as escolhas dela. Alguns são enfeitados com joias e tentadores. Outros enfeitiçados e triunfantes. Há os que escondem o perigo e os que são incapazes de ver o que há à frente. Todas essas lindas barbatanas brilham suavemente, competindo por sua atenção, e ela está sendo solicitada a escolher uma para seu futuro. Como ela, você deve decidir qual escolha se alinha com a sua verdade e se estabelecer nela. Incline-se para aquilo que lhe traz felicidade fundamentada e passe do *pensamento à escolha*. Decida.

> *7 barbatanas do futuro*
> *Nade para me cumprimentar*
> *Algumas são reais*
> *Outras oferecem confusão*
> *Oportunidades. Escolhas.*
> *Elas flutuam para me encontrar*
> *Outras afundam –*
> *Fantástica ilusão.*

8 de Emoções

PALAVRAS-CHAVE: afastamento, cura de velhas feridas e histórias, escolha de um caminho melhor para si, desapontamento, um melhor ajuste, desapego para abrir espaço para o novo, o primeiro dia de uma nova vida

LEMBRETE: desvendamento do sol

O eclipse desenrolou sua proteção mais espessa e bloqueou as luzes ofuscantes da ilusão. Isso incitou nela uma estranha sensação de estar entorpecida, e interrompeu seu falso "feliz", enfeitiçou tudo com um brilho de magia honesta, e pela primeira vez... ela viu as coisas como realmente são. Como um interruptor acionado, ela largou tudo. Toda a bagagem. Todas as existências. Todas as amarras. Todos os sonhos desfeitos. Oh, quantas vezes ela ficou quando não queria! Quantas vezes ela fez tanto – por eles – e nunca por si mesma. Ela percebe agora, enquanto se afasta, o quão longe ela se desviou e o quanto ela mudou. Com o feitiço, ela pode ver tudo em sua lucidez. Ela pede que você bravamente desapegue com ela hoje. Corte as cordas que precisam ser cortadas e escolha corajosamente a si mesmo e seu amor próprio.

Na alegria, este derramamento
De fuga e facilidade
Não aqui, nos horizontes
Se aproxima.

Ela vai embora
E segue em direção à vida dela
Um futuro de felicidade
A fascina.

9 de Emoções

PALAVRAS-CHAVE: um presente do Universo, sonhos manifestados, o desfrute de suas recompensas, realização e satisfação, dons e uma mensagem positiva do Espírito

LEMBRETE: reconhecimento do arco-íris

Às vezes é tão simples quanto flutuar. O Universo não oferece belos finais para aqueles que simplesmente têm talento, confiança, fé ou sabedoria; concede-os àqueles que são corajosos o suficiente para ir atrás do que desejam. Qual a crença necessária? Somente a de que você é o *suficiente* para começar. Você não precisa estar totalmente "lá" para saber que é digno, amado e completo. Basta colocar um pé na frente do outro. Quando você deseja que seus sonhos tenham vida, o quão grandes você os está tornando? Eles são luminescentes o suficiente para mantê-lo ativo quando as coisas ficam um pouco escuras? Eles iluminam o caminho quando você esquece por que os queria em primeiro lugar? Lembre-se de que pode ser fácil. *Isso é fácil.* Você também tem tudo de que precisa para estender a mão e aceitar este presente do Universo. Não é dos "outros". É seu. Faça a escolha de ir correr atrás porque seu presente está a caminho.

Uma vida saborosa de desejos me apraz
Os altos e baixos provam que sou capaz
E afinal, com o aprendizado sagaz
Minha recompensa satisfeita me dá paz

10 de Emoções

PALAVRAS-CHAVE: felicidade e realização, um despertar espiritual, família, comunidade, conexão alegre e significativa, uma conclusão, um momento para ser guiado pelo coração e propositalmente, conexão com o Universo e com outros apaixonados

LEMBRETE: nós celestiais do amor

Uma dança ritual para definir o palco. Uma manifestação alegre de corações e amores. Uma unidade de almas e mentes. E um ciclo de conclusão se concretiza à medida que todos os corações se alinham. Elas cantam, dançam e caminham juntas, celebrando seu amor gigante e seus sentimentos de alegria conectados. Este tipo de felicidade comunitária é inebriante, e a energia de muitos é maior do que a energia de um. Essas dançarinas antigas sabem que, quando você se conecta com um grupo de almas sintonizados em mente e coração para este tipo de cura vibracional, você se conecta com a Fonte e com uma energia que amplificará para sempre sua capacidade de amar. Busque comunidade. Amor. Conexão. E saiba que esta carta significa que isso está a caminho. Aproveite este movimento de alta vibração e sinta sua efusão emocional de alianças e apoio fiéis. Você será inundado de amor e sua única tarefa será mergulhar nisso.

E nós iluminamos nossa essência,
E irradiamos felicidade
Em frases devotadas e felizes –

Corações bem abertos,
Confiando nas marés
De fases amorosas e matizes.

Pajem de Emoções

PALAVRAS-CHAVE: serendipidade alegre, sincronicidade, criatividade, ludicidade, encontro de novas possibilidades, magia inesperada, oportunidades para renovar e se alegrar, uma energia mística e poética, uma pessoa jovem e imaginativa

LEMBRETE: nado visceral

Há tanta magia no mundo, e a Pajem de Emoções sabe como esperar. Pois *esperar* é semelhante a buscar no cotidiano, e buscá-la no cotidiano – no mundano – é a chave para vê-la em todos os lugares. Existem Universos de poderosa verdade que podem ser encontrados nos horizontes internos de nosso ser... algo tão mais fundo em sua própria toca de coelho e sentimentos que ela mergulha. Ela começa a entender que a sincronicidade que ela identifica hoje é resultado da energia e da preparação que ela enviou para a biosfera ontem. Ela usa essa tecnologia de magia para criar seu caminho, permanecendo infantil e brincalhona enquanto imagina seu futuro. Ela vive menos com objetivos e mais com o *coração* e o convida a se surpreender hoje com a bela serendipidade em seu mundo, e a usar essa inspiração como um ponto de partida para seu próximo passo. Comece com uma leve liberação do controle.

Ter uma
Vida Mágica
É uma
Escolha.

Cavaleiro de Emoções

PALAVRAS-CHAVE: um coração romântico fervilhando, namoro, um novo amor, um flerte feliz, exposição dos sentimentos, a ideia de estar apaixonado, a emoção da perseguição, perseverar, o zumbido do fresco e do novo

LEMBRETE: a honestidade das poças

Ele pisa, pula e brinca na água do seu coração. Ele está tão feliz... com esta nova conexão. Oh, a noção romântica! Trazer à mente essa noção de par eleva tanto seus níveis de energia que não há nada a se fazer a não ser brincar alegremente na água da chuva. Às vezes você irá encontrá-lo chutando assim no calor da paixão ou quando estiver dominado pelos ciúmes, mas hoje este Cavaleiro de Emoções está cheio de alegria. A concha de náutilo sobe ao céu, iluminando a tarde e suavemente forçando todas as coisas para que cresçam e mudem conforme a vontade da criação. Ele lembra a todos sob seu amor brilhante que a única opção da natureza é crescer ou decair, e ao escolher crescer... ao escolher colocar energia em parcerias e paixões... nós conscientemente expandimos essa energia. Que conexões você está cultivando hoje?

Alegria, com certo esplendor
Paixão. Exibição. Afeição.
Magia, um momento encantador
Visão. Noção. Intenção.

Rainha de Emoções

PALAVRAS-CHAVE: amor, intuição emocional e inteligência, criatividade, conexão alegre e significativa, relacionamentos, autocuidado e amor próprio, natureza feminina, o mar de emoções, acesso a como você realmente se sente e compartilhamento de seu amor com os outros, criação a partir do coração

LEMBRETE: tentáculos da experiência

Erguendo-se das profundezas das cavernas do oceano, esta Rainha está conectada a tudo o que flui. Ela é a ponte inconsciente entre os espaços do coração e o mundo que floresce ao seu redor. Sua natureza aquosa convida você a fluir para portais de autodescoberta, a trabalhar com suas próprias ondas para aumentar a compaixão e a paixão, e a se conectar de volta às suas emoções mais verdadeiras. *Todas elas.* Ela pede que você busque esse alinhamento para que suas ações, palavras, pensamentos e respiração batam em ritmo com seus verdadeiros sentimentos. Veja-se como você realmente é e sinta sua essência... *como você realmente a sente.* Essa energia nutridora e cuidadosa é aquela que lava os apegos doentios e borbulha pela terra para criar os alicerces do espaço sagrado nos relacionamentos. Ele permite uma forte empatia sem a bagagem energética de assumir as coisas de outras pessoas e gera criatividade intuitiva e pequenos bolsões de alegria devocional. Caia na fluente compaixão da Rainha.

Como o mar, eu fluo
E sem fôlego, vadeio
Na liminaridade da lapidação de
Uma canção do coração.

Musa de Emoções

PALAVRAS-CHAVE: compaixão, alegria, um momento para evitar o mau humor, liberdade de sentir todas as emoções como forma de autodescoberta, estados transcendentes de bem-aventurança, meditação, calma interior e conhecimento, um momento para estar totalmente em contato com seus desejos e com as emoções equilibradas e pacíficas

LEMBRETE: O enxague da sombra

Venha, pequenino vaso de amor, ao lugar onde a água cai e despeja tudo na doce concha da vida. *Esta mensagem do amor mais elevado* reside onde todos os pedaços de sua raiva e tristeza são fermentados e alquimizados em belas experiências para a alma, pois eles também são experiências a serem apreciadas e com as quais devemos aprender. Venha meditar, silenciosa e calmamente. Com tudo que você é. *Não deixe nada para trás*, pois você precisará de tudo neste lugar de compreensão consciente. Afaste-se da manipulação e do mau humor e venha noite adentro nas doces ondas da bondade porque essas são as ondas que o empurrarão para além da correnteza. Elas irão fazê-lo flutuar para os bancos de areia da conexão e irão convidá-lo a explorar seu mundo interior com a mais gentil compaixão. Sua tarefa é simplesmente ser fiel ao seu coração e aceitar a natureza que existe, enquanto as águas curativas do amor puro estão se dirigindo até você.

Atenda a consciência da reação de percepção,
Emoção empática e verdadeira.
Sabedoria sensível que atravessa este mar,
A magia sutil do agora, sorrateira.

Naipe de Vozes

Ás de Vozes

PALAVRAS-CHAVE: um lampejo de clareza e frescor, uma revelação, um novo paradigma, pensamento visionário, novos objetivos e realidades

LEMBRETE: lanterna da verdade

A garota com o cabelo de arco-íris. Ela sorri, expandindo sua percepção e raciocínio, pois sabe que assim você verá a existência do arco-íris ao redor dela, o tempo todo. "Todos somos luz", diz ela enquanto os lábios brilham com os matizes da transcendência. "E" – ela pisca – "quando enxergamos a verdade, às vezes a vemos em Technicolor, como um enorme Ahá! E então damos forma a essa verdade por meio de uma comunicação clara". Uma energia brilhante pulsa, conforme a garota fala e canta. Formas geométricas começam a aparecer no espaço em volta dela a cada palavra, tom e som. Ela continua: "Encontre clareza no pensamento e na visão à medida que novas compreensões fluem para você, e elas não apenas serão sustentadas pela lógica e pela razão, mas serão fortemente embebidas no conhecimento divino. Isso irá ajudar você a ver o caminho à sua frente com a mais bela das lentes: a verdade absoluta".

Ahá! A clareza descoberta,
Uma calmaria que atravessa batalhas –
A verdade perfeita ilumina
o verniz confuso que envolve as mortalhas.

2 de Vozes

PALAVRAS-CHAVE: indecisão, angústia de não saber o caminho, escolhas, sentimento de se estar entre a cruz e a espada, intuição silenciosa

LEMBRETE: as várias faces do vento

Dois caminhos. Duas opções. Um é real e o outro não. Um leva a um futuro, o outro irá desaparecer como potencial sem forma. O 2 de Vozes está sentado à porta, girando suavemente dualidades para os viajantes abaixo. Ela oferece caminhos que levam a diferentes direções para que nos lembremos que temos livre arbítrio. Mesmo as rochas e os lugares duros contêm energia que pode ser movida e, às vezes, deve ser percorrida. Quando as escolhas parecerem igualmente doces (ou igualmente pegajosas), *aprecie* o menor dos toques, os puxões sutis nas cordas e confie que, mesmo sem previsibilidade ou previsão, o caminho que você seguir será o *caminho certo* para você. Saiba que às vezes o destino não é tão importante quanto os passos dados, e que o progresso feito com amor – enquanto ouvir os sussurros de sua alma – sempre levará ao poder transformador da escolha certa.

Duas escolhas.
Igualmente terríveis.
Risíveis. Palpáveis. Bloqueadas.
Essa angústia faz eu me perder
Sem saber onde
As duas semelhantes.
Ambas excelentes.
Qual delas, droga?

3 de Vozes

PALAVRAS-CHAVE: separação dolorosa, desgosto, tristeza, perda, decepções inesperadas, palavras que machucam, relacionamentos terminando, dor e ferimento, finalmente entender o que precisa ser curado

LEMBRETE: o gosto de uma voz quebrada

As nuvens de tempestade se formam no horizonte... a terra desolada logo além do alcance de suas águas purificadoras. Ela se senta, sentindo-se estilhaçada segurando o último fragmento de luz que possui. Ela tenta respirar fundo, *mas se sente vazia. Minguante. Inconsistente.* E a Musa zela por tudo... sentindo cada lágrima, cada soluço, cada nota cantada em desespero. Ela vê a dolorosa separação entre o que era almejado e o que é realidade... e sente o desmoronamento de um caminho que não era o verdadeiro. Então, quando a conexão fica forte, ela sussurra pequenos confortos... palavras que começam na mente e depois seguem seu caminho para o coração: *Doce criatura, segure-se com esses fragmentos minúsculos, enquanto eles vão tecendo seu caminho junto com você. Acomode-se, pois seu lindo coração irá sarar. Sua cura é iminente e você encontrará a mais doce alegria mais uma vez.*

Eu sou mestre da minha magnitude
O condutor da minha chuva
E, ao escolher a completude
A recompensa vem da luta

4 de Vozes

PALAVRAS-CHAVE: sono, repouso profundo e renovação, cura, à beira do esgotamento, necessidade de desacelerar, o tempo que você precisa, amor próprio e compaixão, recuo

LEMBRETE: pétalas que dormem

A Musa do descanso profundo e da cura dá as boas-vindas à sua névoa à luz das estrelas de renascimento e renovação, oferecendo-lhe um tempo longe para que você possa escapar da roda da agitação e do caos. *Isso se torna um padrão rapidamente!* Ela gira uma mistura de estrelas e pétalas de rosa, e agita você com a mais doce das águas – um elixir feito para suas feridas, tanto energéticas quanto físicas... emocional e espiritual. Ela o convida a atravessar lentamente a ponte e a cair no mais profundo dos descansos com ela. Durma, doce criador. *Você deve descansar para sua saúde.* Durma, pois é aqui que se encontrará toda a energia para criar o seu caminho.

Relaxe, doce criador
Você está no limite.
É hora de fazer uma pausa e descansar

Reflita e aguarde
Inicie. Suspenda
E a vida irá prosperar

5 de Vozes

PALAVRAS-CHAVE: sentimentos de derrota, lições de perda, luta, ato de vencer a todo custo, oferta de paz, aquilo que realmente importa, fracasso, feridas, intimidação

LEMBRETE: mariposas sociais

Eu irei vencer. Sou aquela que merece isso. Não importa quem fique no meu caminho. Nada irá me impedir. Eu não me importo com o que seja necessário para fazer isso acontecer. A Musa do 5 de Vozes olha para baixo, refletindo as maneiras como podemos perder o que *realmente* importa enquanto nos esforçamos para vencer. Às vezes, nós nos vemos sendo vítimas da ambição ou iniquidade de outra pessoa, e outras vezes somos nós mesmos quem estamos perdidos no caminho para a vitória. Esquecemos como chegar lá e abrimos mão de nossos melhores interesses – nossa integridade, equilíbrio, humanidade – para sairmos por cima. *Às vezes, quando ganhamos, perdemos.* Como você quer se sentir no topo da escada que está subindo? Para onde irá realmente? Quais são os custos que você está pagando para vencer? E quais consequências estão associadas a esses custos? Busque conexão e confiança e ascenda com amizade, perdão e profunda compaixão.

> *Ao alcançar o sucesso*
> *Ressente-se do fracasso que lhe custou...*
> *Quantas histórias despedaçadas*
> *selam as peças que você quebrou?*

6 de Vozes

PALAVRAS-CHAVE: transições, ajuda vinda de lugares inesperados, movimento silencioso, expansão bem-sucedida após um período de dificuldade, ultrapassagem de limiares, mudanças, realinhamento

LEMBRETE: distância percorrida nas mãos da Musa

Ela está no limite de sua sanidade, sem saber como ir adiante, mas sabendo que precisa atravessar para o outro lado. Olhando para o céu, ela faz uma oração silenciosa pedindo ajuda e é respondida por uma leveza que ela não sentia há muito tempo. A Musa das transições difíceis dá uma mão amiga para aqueles que buscam consolo e passagem para novos estados de ser, viver e amar. Às vezes, o caminho para atravessar o rio é confuso e lamacento. Nestes momentos, a Musa nos pede para estarmos abertos para receber ajuda de lugares maravilhosamente inesperados. Acredite que o acaso o encontrará. Procure gestos gentis de beleza. E continue buscando as águas brilhantes no horizonte do amanhã. À medida que se enraízam e se agitam dentro de sua alma, você será movido na direção de pequenos milagres.

Ainda avante ela atravessa
Sua passagem de silêncio
Ausência de riso sem menções
Maceração generalizada
quietude interior
Ajudado por boas intenções.

7 de Vozes

PALAVRAS-CHAVE: trapaça, roubo, engano, um momento para pegar apenas o que você precisa, honestidade e equiparação, atenção ao que realmente está acontecendo, vigaristas e imitadores, percepção do engano passado

LEMBRETE: o resultado da ilusão

Oh, como tudo parece lindo! Que serena a ponte, com tudo em perfeita ordem, levando a coisas perfeitamente brilhantes, então ela permanece focada nos prados verdes que estão à sua frente. *Eles prometeram perfeição a ela, como pode ver.* Ela olha para cima, de repente percebendo a Musa se aproximando, com seu olhar intenso... pacífico, mas *insistente*. E algo parece estranho. Um instinto. Algo que ela não consegue identificar... algo feito de sombras, acontecendo nos reflexos. Seus sentidos estão vibrando com os sinos mais distantes, e ela sabe que deve confiar neles. Ao cruzar sua própria ponte de ilusão, esta Musa o avisa para ficar atento a fraudes, roubos ou desalinhamento de valores. Leve apenas o que você precisa, confie em sua própria integridade para guiá-lo. A segurança de sua bússola moral lhe dará passagem, porque somente na verdade esse umbral pode realmente ser cruzado.

*Quando os oceanos da verdade
abertamente o recebem em seu ventre,
por que você se contenta
com poças de meias-vidas
e busca minguadas porções de nutrição
sabendo que jamais poderiam sustentar
a força vital de sua alma?*

8 de Vozes

PALAVRAS-CHAVE: sensação de estar preso ou limitado, crença de que não se tem escolha, autoaprisionamento, o efeito fortalecedor ou enfraquecedor da crença, não ter escapatória, um momento para desatar nós, visão da verdade

LEMBRETE: agarração do meu grito

As paredes parecem desmoronar e as luzes são apagadas do céu, e ela se vê *presa em um lugar sem ter como se mover*. Ela sempre teve a pior sorte. Ao imaginar sua prisão, seu coração começa a bater mais rápido. "Não consigo ver", ela diz em voz alta, sentindo uma pulseira invisível apertar seu pulso. "Eu não posso", ela grita novamente, e outra âncora em seu braço. Ela está desistindo. *"Não posso, não posso, não posso..."* e a cada soluço, choro e grito subsequente, os laços se multiplicam. Ela se contorce nas amarras de sua própria desesperança imaginada, até que o Universo sussurra suavemente: "Você não está presa. Olhe as opções ao seu redor". Ela retarda a respiração e a venda cai. Ela abre os olhos, observando o sol despontar sobre a montanha atrás dela, vendo que ela está presa em uma teia feita por ela mesma, sempre capaz de sair quando quiser.

Limitado por minhas vozes,
Eles gritam em meu ouvido.
Limitado por minhas vozes,
Prostrado
Estou certo de que não consigo me mover
Estou certo de que não consigo sentir
Amarrado, meus algozes
Minha prisão

9 de Vozes

PALAVRAS-CHAVE: pesadelos, terrores noturnos, ilusões, ansiedade, preocupação em manter-se acordado à noite, insônia, medo, dificuldades de processamento, estresse ou medo afetando a função

LEMBRETE: o grito para dormir

Por muitas luas ela dormiu naquele lugar intermediário de inquietação... aquele lugar onde a preocupação penetrou em sua mente e a manteve longe do sono profundo que ela tanto desejava. Seus olhos fechavam sem esforço, enquanto o corpo dizia sim à quietude... mas a mente era um desfiladeiro cheio de memórias para recuperar e processar, e seu travesseiro nunca parecia ter espaço suficiente para conter tudo. Até sua memória parecia desvanecer-se no liminar com seus pesadelos. Quando essa falta de descanso também surgir em suas horas de vigília e você perceber que sua mente está girando sem alívio, deixe que a Musa o cubra com as cobertas. Seus medos são apenas ilusões do futuro, enquanto no presente você está *seguro, protegido e amado*. Acalme sua mente. Mesmo quando parecer simples demais, a resposta é sempre amor. Lembre-se disso e, estando atento ao seu relógio circadiano, deixe que seu descanso de cura assuma o controle.

Olá, Musa
Olá, poeira estelar
Encharcada de magia
Seus olhos maduros
Sem ardil
E com total confiança
De sua verdade
Você ascenderá
Gentil

10 de Vozes

PALAVRAS-CHAVE: Verdade ou compreensão dolorosa, desespero, vitimização, traição, engano, finais duros, desilusão, nova perspectiva, uma oportunidade para começar de novo

LEMBRETE: simplicidade distorcida

O 10 de Vozes sabe que não importa o quão grave seja a ferida, ela vai se curar e se tornar mais forte. Ela sabe que quaisquer circunstâncias traidoras ou ilusões que ela tenha perdido ao longo do caminho se dissiparão e se consertarão com esse final importante. Pronta para se curar, ela se vira e encara as espadas de frente. E sim, como esperado, esse final é difícil. Há momentos em que ela quer desistir e chafurdar. Todos *os coitadinhos* do Universo vêm batendo em sua porta, e ela se senta bravamente com esse fechamento doloroso, lembrando você de experimentar e *liberar* qualquer dor que esteja segurando. Não permita que as coisas sejam definidas como memória muscular e evite guardar espaço para desamparo neste momento. Permita que suas partes sejam costuradas com amor, pois irão elevar você ao topo de sua montanha, onde qualquer vazio remanescente será preenchido com a oportunidade para o amor.

Para que a cura venha
Há um custo
uma alma costurada mais forte
Para que a cura venha
Todo o curso
dá força, amor e suporte.

Pajem de Vozes

PALAVRAS-CHAVE: coisas curiosas e inteligentes, energia inquieta, sede de conhecimento, aprendizado, pensamento, um aluno, alinhamento de suas ações com suas palavras

LEMBRETE: frenética compreensão da quietude

Como tudo funciona? Para onde vamos? Qual é a natureza da natureza? Com um milhão de perguntas (e respostas!), ela engole todas as coisas... *as luzes, as pequenas coisas e os dados.* Esta Pajem é uma esponja do mundo. Absorve tudo. Ela intui e "intelecta". Pensa sobre seu caminho para a existência, e às vezes tem tanto em sua mente que há uma energia frenética ao redor dela. Uma tempestade de aprendizado chegando. O vento soprando em comunicação inquieta. Ela não pretende criar esse estado de zumbido desconfortável, mas está tão absorta em seus pensamentos ocupados que perde o fato de que há outra montanha ao lado dela que precisa dormir. Ela o lembra de pensar antes de falar, de usar sua mente como uma ferramenta e de ver os fatos como eles são. E então ela o lembra de crescer.

> *Colecionando minha mistura cíclica*
> *Eu e meus pensamentos começamos a fluir*
> *Somente eles com os pés no chão.*
> *Eu acho. Eu sou. Eu sei.*
> *Então eu falo*
> *Oh! Como eu falo*
> *Com a existência.*

Cavaleiro de Vozes

PALAVRAS-CHAVE: uma energia heroica rápida e inteligente, corajosamente falar a verdade, energia ágil, determinação, pensamento rápido e lógico, um impulso para ter sucesso, agir, uma necessidade de foco, cuidado para não ser arrogante

LEMBRETE: uma asa da verdade

Asas caindo no ar para levantar seu corpo enorme... o Cavaleiro de Vozes faz o impossível parecer fácil. Ela é rápida para subir e trazer grande velocidade e impulso ao seu mundo. Usando a velocidade do vento, as coordenadas, a lógica e a gravidade, ela se ergue no ar, tão facilmente como se fosse uma pena. Ou, pelo menos, faz com que pareça fácil, porque seu jeito majestoso e habilidoso de *estar* no mundo é gracioso e ágil. Ela se precipita para bancar a heroína novamente e quer que você tome a frente com determinação, mas sem dominância. Não há necessidade de exibir talentos ou inteligência quando você pode simplesmente ser no mundo. Ultrapasse quaisquer nuvens nebulosas com lógica e razão, e comunique seus planos claramente enquanto você voa em direção ao seu sucesso.

Eu calculo este risco
Bem como calculo a bênção
E eu voo na frente, determinado,
Com os números do meu lado

Rainha de Vozes

PALAVRAS-CHAVE: um falante da verdade, um líder honesto e astuto, sabedoria para lidar com coisas banais, visão e comunicação claras, sagacidade, inteligência, bons conselhos, pensamento estratégico

LEMBRETE: a voz das penas

Do leste, um vento sopra forte, e ela sente o farfalhar em seus cabelos enquanto seus sentidos ganham vida. Sua magia é um pouco mais tangível do que algumas das outras Rainhas, e ela é grata por sua *percepção de busca de provas*. Ela desdobra suas asas de sabedoria e conhecimento e se expande... olhando para o seu domínio. Ela é a Rainha de Vozes e fala com uma intensidade tão direta que vai direto ao cerne da questão. Suas palavras, como as de um antigo adivinho, são sagazes e cheias de uma compreensão profunda. E lá, na vigília de um milhão de nuvens esvoaçantes, ela sempre busca o caminho enraizado na verdade, na integridade, na honestidade e no conhecimento gentil. Ela o lembra de ser estratégico e direto, de dissipar o julgamento nebuloso e de enviar pequenas rajadas de ventos auxiliares para aqueles que precisam. Fale o que é certo com grande compaixão e honestidade e comunique a sua verdade com coragem.

Existe magia na verdade
Há verdade em minhas veias
Onde meu sangue fala com tranquilidade
E minha mente não tem noções feias.

Musa de Vozes

PALAVRAS-CHAVE: comunicação da verdade, conhecimento intuitivo, integridade, franqueza, liderança honesta, diplomacia, verdade e propósito espirituais, visão panorâmica, estratégia com conhecimento intuitivo, um momento para evitar manipulação

LEMBRETE: o caminho da consciência

A Musa de Vozes dança livremente nos Portões da Iluminação, inspirando-se fortemente na experiência e na clareza interior. Ela sabe que o que sua mente cria e o que recebe do mundo são baseados em sua percepção dos fatos, e ainda assim... ela também sabe que a verdade coletiva – *a realidade em comum acordo* – é o que devemos usar para compartilhar nossa dança de alegria. Ela sussurra para falar com clareza e se posicionar como uma líder imparcial que fala a verdade. Permita que o vento o leve ao passar por quaisquer vozes que pareçam estar no caminho entre você e seus sonhos. Seja autoritário quando se tratar de honestidade e integridade, e combine diplomacia e intelecto em seu caminho para a transcendência. Evite exibições feitas com a falsa beleza da fumaça e espelhos permitirão que você se concentre na arte da mente, colocando a cabeça na frente do coração enquanto encontra sua voz e usa suas ferramentas de independência perceptiva.

Ilumine o mundo com atitude
Doce gota, e, com confiança, acenda
Voe comigo, em toda a nossa juventude
Nossa sagrada vontade, uma oferenda.

Naipe de Materiais

Ás de Materiais

PALAVRAS-CHAVE: novos começos emocionantes, novas raízes, confortos futuros, abundância manifestada, o potencial para prosperidade massiva, segurança, riqueza

LEMBRETE: a cúspide de uma evolução

Ela se espreguiça sonolenta, *esperando que seja primavera, porque ela ama se esticar dentro do musgo da primavera*. Ela olha em volta e ri. As primeiras sementes estão começando a se agitar e é hora de preparar a terra para os meses que virão. Ela simplesmente adora como a possibilidade goteja do teto desses começos. Um novo potencial está em toda parte, e ela tem muita magia para preparar antes que a colheita chegue. Ela olha ao redor de sua residência em busca de sal e argila para fazer da terra espíritos, jaspe e quartzo para animá-los; aveia, arroz e tabaco para homenagear seus ancestrais; e hera e carvalho para trazer sabedoria crescente para as *novas plantas que surgirão*. Ela acena para você agora, esperando que perceba suas novas raízes frescas e a futura *generosidade* que proverá delas. Sua situação está explodindo com a gênese de novas oportunidades, e ela quer que você se expanda enquanto observa as sementes crescerem e frutificarem.

> *Rendendo-se ao que teria sido,*
> *ela adormeceu,*
> *e quando o sol espiou seu silêncio,*
> *iluminou um campo*
> *de pétalas que cresceram fora de seu alcance.*
> *Muito além de sua fé.*
> *E lá elas floresceram infinitamente,*
> *alegremente, chamando-a*
> *para sua própria criação de luz.*

2 de Materiais

PALAVRAS-CHAVE: malabarismo com responsabilidades, equilíbrio, centralização, aterramento, tarefas, muitos afazeres, prioridades múltiplas, decisões financeiras, gerenciamento de recursos, estabilidade, um peso nas costas, mudança e flexibilidade

LEMBRETE: malabarismo com várias rosas

Todas as coisas estão caindo em seu mundo ao mesmo tempo, e ela faz uma dança de estabilidade e firmeza. Permanecer equilibrada aqui exigirá sua atenção *multitarefa*, porque o cristal está oscilando e as tarefas que ela está fazendo malabarismos estão aparecendo rapidamente agora. Para que consiga trazer todos esses desejos emergentes para a terra, ela precisa passar um tempo observando e nutrindo cada um. Mas... isso seria impossível... equilibrar tudo de uma vez. Então ela flutua entre eles rapidamente, tentando se estabilizar. Ela ensina que mesmo quando você quer ter tudo, às vezes é preciso priorizar e escolher o que vem primeiro. Se você não decidir, pode conseguir manter tudo ao mesmo tempo, mas o processo provavelmente não será saudável ou agradável a longo prazo. Aceite a flexibilidade e as mudanças em seus planos para manter tudo florescendo nos próximos anos.

Conte-me...
Como carrego todos esses discos,
Essas tarefas e rosas?
E como faço para conciliar
essas seguranças e riscos?
E seus milhões de poses jocosas?

3 de Materiais

PALAVRAS-CHAVE: a magia da colaboração, fraternidade, trabalho em equipe, dinâmica de grupo, relacionamentos e responsabilidades, mentores e alunos, boa convivência, ajuda ao próximo, união para um objetivo comum, cooperação, energias fundidas

LEMBRETE: colaboração de almas

Eles tecem, brincam, criam e giram seu mundo para a vida. Essas Musas de colaboração e criação são capazes de criar novas misturas e formar uma nova vida a partir do nada, adicionando sua intenção, energia, amor e ideias. *Ah, e seu trabalho. Sua expertise.* Enquanto uma está liderando, as outras aprendem com ela, balançam e se retorcem e fluem de mentor para aprendiz, ensinando e absorvendo. Em seu fluxo sagrado, elas atraem todos os materiais necessários para criar seu espiral de criação – seu belo padrão de vida. Você também pode trabalhar em uníssono com as pessoas ao seu redor, pegando os fios que sobraram e preenchendo as lacunas. *O segredo desta harmonia é o puxão-empurrão dos egos abandonados*, e a influência respeitosa de admiração mutuamente benéfica pelos talentos uns dos outros. Apareça em essência e crie um tear de magnificência com as pessoas ao seu redor.

Neste emaranhado sagrado
Nós criamos, formamos e fazemos
Comunhão energética
Onde respiramos, damos e recebemos.

4 de Materiais

PALAVRAS-CHAVE: poupança, verificação de finanças, criação de bases sólidas, mérito, um momento para entrar em uma mentalidade de abundância, abandono da escassez, construção para o futuro, proteção, generosidade

LEMBRETE: uma concha cheia de xelins

Ela olha para o camelo abaixo. Ele está economizando água, e ela sorri, pois entende esta bela criatura e seu desejo de guardar para o futuro. *Segurança. Cópia de segurança. O esconderijo secreto de "estou bem".* Uma pétala cai do botão de rosa que ela estava segurando com cuidado, e a percepção de que o dinheiro vem e vai se instala, e ela entra em pânico... momentaneamente. "Mas eu juntei mais do que gastei", ela se lembra. "Eu estou segura." E a Musa do 4 de Materiais envia a ela uma pequena pulsação de conforto dos céus: *Você tem todo o*

Universo dentro de você e pode construir e fazer mais a qualquer momento. Nunca é tarde demais. A Musa o lembra de que você também está sempre seguro e que, embora os extras materiais sejam sempre bons de ter, construir e assistir, eles não são necessários para a sua alegria.

*A cobiça. A escassez.
Acumula-se segurança
em uma caixa fechada.
Mas a liberdade realmente vem
Quando a generosidade é desbloqueada.*

5 de Materiais

PALAVRAS-CHAVE: dificuldades, preocupação com segurança e proteção, sentimentos de exclusão, dificuldades financeiras ou problemas de saúde, busca de abrigo, escassez

LEMBRETE: o grande salão do amor

A Musa a vê dormindo fora dos portões do fluxo e da abundância. Ela chorou até dormir, acreditando que não teve acesso a esta entrada. Ela está perigosamente perto da beirada, embrulhada em pouco mais do que uma folha esfarrapada de autoestima e memórias de dias melhores. Ela segura uma pequena luz de esperança perto de si enquanto dorme, mas é tão fraca que a Musa se pergunta se ainda pode vê-la. *Certamente não parece brilhante o suficiente para iluminar seu caminho para o corredor.* Com uma mão amiga, ela toca a pequena criatura para mantê-la em segurança. A Musa sabe que a entrada está mais perto do que pensamos e quer que todos nós entremos pela porta do bem-estar abundante. Ela pede que você aceite o *valor* com o coração aberto e que cure a fenda entre você e qualquer riqueza e saúde que almeja, mas não está tendo hoje.

Você nunca está sozinho ou ficará de lado.
Será sempre bem-vindo no
Grande salão do amor.

6 de Materiais

PALAVRAS-CHAVE: um momento para dar e receber, o fluxo da abundância, caridade, aceitação da ajuda de outros, poder e equilíbrio, um momento para evitar uma mentalidade mesquinha

LEMBRETE: que chovam rosas

A Musa sussurra, *espelhos sagrados estão por toda parte, e quando a energia flui em perfeito equilíbrio, todas as partes são servidas, amadas, encontradas, ajudadas, vistas, apreciadas e fortalecidas.* Ela nos lembra de que vivemos em uma dualidade que se esforça para distribuir recursos (e poder!) entre os estados de *ter* e *não ter* – e entre dar e ser talentoso. Ela mostra que a necessidade de receber e a necessidade de dar não são tão diferentes, além da percepção de quem você pensa que é quando está em qualquer um dos lugares. Desequilíbrios de energia podem surgir por você se agarrar às coisas com muita força (estagnação) e não ser capaz de segurá-las de forma alguma. E ambos os estados podem resultar de uma mentalidade enraizada na escassez. Dê livremente... compartilhe... abra sua gentil generosidade e conscientemente crie sua doação de tempo, energia e dinheiro.

Gotas gentis de generosidade
Prosperidade para o fazer –
Este estado de fluxo empresta porosidade
Eu dou tudo o que posso me abster

7 de Materiais

PALAVRAS-CHAVE: uma pausa, uma avaliação de seu progresso, perseverança, o longo jogo, investimento, manifestação para o futuro, gratidão, diligência

LEMBRETE: um planalto sagrado

Em qualquer jornada, há momentos para repensar, restabelecer e redirecionar. Pisando em sua linha do tempo, ela espera pacientemente, pronta para colher as recompensas que semeou no passado. Ela sabe que estão quase prontas. Seu instinto diz isso. Suas mãos cansadas de tanto trabalhar dizem isso. Seu coração diz isso. *Ela sabe.* Na lucidez da pausa, ela percebe que sua renda se desfez. Ela a amarra lentamente, sabendo que a teria derrubado no futuro se não tivesse percebido agora. *Ela é grata. Graciosa. Atenta.* E está se movendo através das reverberações dos pensamentos e ações de ontem, enquanto envia a realidade de amanhã com amor, energia e intenção. Ela o convida a entrar no espaço liminar com ela. Este planalto serve como uma bela pausa para respirar e fazer um balanço. Você chegou tão longe e suas lindas rosas estão quase aqui.

*Quando a Musa pausar
sua linha do tempo, relaxe.
Quando ela desacelerar
o relógio — espere por ela.
Quando ela desaparecer
de vista — divirta-se...
Em toda a criação futura.*

8 de Materiais

PALAVRAS-CHAVE: trabalho e aperfeiçoamento de seu ofício, um artesão, orgulho de um trabalho bem feito, desenvolvimento de habilidades ao longo do tempo, domínio, expertise, dedicação e orgulho, não pegar atalhos, esforço versus preguiça, propósito da alma

LEMBRETE: molde do destino

Ela tece suas rosas com a proficiência de um mestre tecelão, juntando a beleza delas com sua habilidade em uma história de sucesso e satisfação. Encontrar o fluxo no trabalho e ter orgulho das próprias tarefas é a vida e a respiração desta Musa. Ela ajuda os buscadores a permanecer no curso enquanto persistem e perseveram para desenvolver as habilidades de que precisam. Seu corpo de experiência será necessário para viver a vida dos seus sonhos. Consistência e paciência *são importantes*. Seus esforços, seu domínio e seu trabalho duro *são importantes*. Cada vez que você procura melhorar sua criação, *é importante*. Continue a construir e expandir. Esta Musa pode ficar tão envolvida em suas rosas giratórias que pode se esquecer de fazer uma pausa, então reserve um tempo para cheirar as flores, doce fiandeiro.

Uma ideia ganha vida bem aqui
Um comércio motivado pelo imparcial
O espírito quer seu plano desencadeado
E o coração não quer algo banal.
Um voto não dito de verdades trocadas
Com ambos os lados ganhando sem razão,
A delicada troca entre Musa e serviçal,
Uma ideia e seu anfitrião.

9 de Materiais

PALAVRAS-CHAVE: a vibração de sucesso, riqueza autocriada, independência, um momento para desfrutar de um tempo sozinho, fruto do seu trabalho, segurança e conforto, abundância, contentamento, sofisticação, status, prosperidade

LEMBRETE: a margem da alegria

A Musa derrama bênçãos no presente, porque a fachada protetora do árduo 9 de Materiais finalmente caiu. Sua corajosa máscara perdeu o brilho assim que ela percebeu que sua luz interna era o único caminho para a segurança infinita e o sucesso que almejava. Não era preciso fingir esse status ou cobiçar essa prosperidade. Ela simplesmente tinha que entrar em seu jardim de pequenos prazeres depois de fazer o trabalho exigido. *Ela fez sua parte*, feliz, e agora a colheita está aqui. A Musa quer que você dance e se alegre com esse tipo de sucesso. Saiba quem você é, em essência... e o mundo responderá na mesma moeda. Encontre contentamento e irradie com propósito. Vitalidade. Presença. E muito amor. Caminhar no mundo sendo você mesmo e fazer as coisas do seu jeito, com seu coração, criará um funil para a magia material e o sucesso.

Venha dançar comigo em
Meu campo cheio de flores
Irei presenteá-lo com meu amor sem fim –
Venha irradiar aqui o seu
Ser essencial e
Ser regado de bênçãos junto a mim –

10 de Materiais

PALAVRAS-CHAVE: sucesso material, família, criação de um legado, uma comunidade próspera, uma dinastia de amor e riqueza, ajuda e inclusão dos outros, época de colheita

LEMBRETE: limitação pelo jardim do legado

O 10 de Materiais traz bênçãos de amor e esperança por meio das dádivas de nutrir sustento, vitalidade, saúde, prosperidade e alegria. Ela é a Musa terrena de legados e essências materiais e oferece uma janela de riqueza que beneficiará toda a comunidade – uma vida de maravilhas. Aqui, ela os abençoou, assim como está abençoando você, com a oportunidade de comer e dançar com ela na mesa da generosidade. *Entre em sua integridade.* Honre-a ao exaltar outras pessoas que talvez não tenham tido as mesmas oportunidades ou bênçãos na vida e saiba que sua colheita será ampla e vibrante. Este é um lindo sinal de abundância a caminho!

Teço esta dinastia para você,
Doce coração,
O legado criado para você
E todos aqueles de sua linha de sucessão
Mas não se engane,
Fazendo desta riqueza de clara intenção
Atenção dada a inverdades
É como comprar ascensão

Pajem de Materiais

PALAVRAS-CHAVE: manifestação, sabedoria sobre como criar abundância, prática, planejamento, aprendizado, novas energias e novos começos, novas habilidades, um aluno trabalhando no futuro, as leis naturais da criação

LEMBRETE: planos codificados

Ela está trabalhando em novas habilidades e manifestando seu futuro, e nos permite testemunhar seu progresso, no meio do caminho. Esta Pajem de Materiais pensou sobre o que deseja, sentiu... sonhou... e agora está pronta para dar forma a toda essa energia. Ela tem o prazer de compartilhar as boas novas com você – que esta magia da terra está aqui para todos nós a usarmos. Essas novas oportunidades e começos que estão surgindo em sua vida têm muito potencial para se tornarem lindas rosas que marcam triunfo e sucesso. Aproveite a energia jovem e próspera que está disponível para você agora e brinque, aprenda, estude, explore... e pratique. Continue subindo, folha por folha. Incorpore e aterre esta energia mágica criadora e cresça diligentemente em seu estado ideal de amor.

*Então, eu manifesto para a vida esta norma
E moldo meu mundo neste momento —
Tudo o que for preciso para dar forma
à realidade e ao acontecimento.*

Cavaleiro de Materiais

PALAVRAS-CHAVE: produtividade e diligência compensadas, trabalho duro, firmeza, determinação, segurança, um momento para plantar e cuidar das sementes para o futuro, segurança financeira, fundações

LEMBRETE: a tarefa da alegria

Este cavaleiro adora cuidar dos campos de seu sucesso. Ele sente grande alegria em arar a terra e remover o mais ínfimo joio, sabendo que isso fará diferença no futuro. Certa vez, sem dormir, tentou correr grandes riscos com seus campos, dando o máximo de si, com plantas gigantescas e vistosas que o faziam colher maiores recompensas. A maioria das plantas grandes murchou quando as preocupações ultrapassaram sua capacidade de apenas *ser*. Apenas *fazer*. Ele logo descobriu que estava muito mais feliz sem os elogios espalhafatosos e que se sentia infinitamente mais confiante com suas lindas suculentas que ofereciam sucesso garantido e estável, *desde que ele fosse consistente*. O Cavaleiro de Materiais compartilha uma mensagem de relaxamento nas tarefas que você ama e de encontrar um significado em seu trabalho. Sua rotina diligente lhe dirá para onde você está indo na vida, então crie uma base sólida que apoie seus sonhos.

> *E toda essa fortuna e leveza*
> *Investimentos indolentes*
> *segurança lavrada, pão à mesa...*
> *Coisas terrenas e consistentes*

Rainha de Materiais

PALAVRAS-CHAVE: energia materna e nutridora, riqueza e ganhos financeiros, amor incondicional, prosperidade, confiança no Universo como provedor, lições de carência e ganância, abundância, energia da terra, aterramento, responsabilidades, confortos

LEMBRETE: a estrada da fruição

Forte e amorosa, determinada e corajosa, esta Rainha está embaixo de um cartaz de sua estreia em *Prosperidade e Ascensão*. As outras Musas a provocam amorosamente sobre suas gigantescas autopromoções, mas ela sabe que deve fazer valer o que disse para modelar o caminho para o amor-próprio e a autoaceitação. Ela deseja nutrir isso em todos nós – este caminho para riqueza, saúde e abundância alegre – e seu amor incondicional significa que ela sempre nos ensinará a como fazer isso por conta própria, em vez de simplesmente nos fornecer tal prosperidade. Essa Rainha de Materiais irá nos regar com refeições quentes e nutritivas e lençóis recém-secos para manter nosso ânimo e oferecer um suprimento ilimitado de oportunidades de conforto e segurança. Ela compartilha a mensagem de ser independente e responsável dentro de sua rede de segurança de vida e o lembra de apoiar-se na família e cuidar das pessoas ao seu redor, dando as boas-vindas à prosperidade e ao sucesso que está à sua disposição agora.

Fé, realização e proeza
Lado a lado com o autorrealizado
De sonhos manifestos e riqueza
Uma imagem do eu projetado

Um profundo investimento com seu cuidado
Um momento de alegria inusitado,
Sua compaixão, um tipo especial
Sabedoria terrena, intuição celestial.

Musa de Materiais

PALAVRAS-CHAVE: abundância, energia da terra, vida, sucesso material, a jornada para criar prosperidade, capacidade de prover aqueles que você ama, a alegria de uma vida bem vivida, aterramento, gratidão, conforto, riqueza, saúde, felicidade

LEMBRETE: solo mágico

No jardim da vida, ela se vê diante de um portal. Acima, está a Musa de Materiais, refletida em toda a natureza. Ela sussurra das flores, da grama, das árvores... esvoaça-se entre os pássaros e balbucia nos riachos. Esta Musa usa todos os materiais da terra para dar forma ao seu mundo. Ela olha para baixo e oferece uma lição de manifestação e abundância: *Doce criador, essas coisas são suas para usá-las. A fusão e a formação suave. Sua colheita, pequeno broto, vem da terra, então aterre-se na energia da Musa e respire sua umidade e o calor.* É hora de dar mais um pequeno passo em direção aos jardins da vida e se comprometer a regar, curar, dançar e amar o tanto quanto pode. O sucesso material e as alegrias estão chegando! Busque a energia de aterramento dos deleites terrenos e saiba que suas próprias terras férteis estão florescendo agora.

*Misture-se comigo
neste ninho de riquezas
Uma nutrição abundante
e confortável
Absorva essa magia
— este jardim de proezas
Caminhe em direção
a uma fruição estável*

Sobre Chris-Anne

Olá, belo criador!

Obrigada por estar curioso sobre mim.

Sou designer, estrategista de marca e amante do tarô e do pensamento mágico. Depois de anos trabalhando em uma agência de design convencional, meu caminho foi verdadeiramente abençoado ao ser agitado e abalado pela Musa, que insistiu que eu confiasse em seu chamado e compartilhasse meu trabalho independentemente de meu desconforto inicial (ela costuma sussurrar sem parar até a ouvirmos).

Agora, espero por suas gentis cutucadas no sopé de uma colina de snowboard em uma pequena cidade do Canadá, enquanto busco a alegria de uma vida bem-quista com meu maravilhoso esposo, Alejandro, e nosso pequeno boiadeiro-australiano, Júpiter.

Encontre amor, alegria e inspiração no caminho,

Chris-Anne

Para lembretes criativos, poesia completa, conteúdo de áudio e muito mais da Musa, junte-se a nós em www.themusetarot.com.

Agradecimentos

Gostaria de agradecer:

À Valentina Abusabbah Valladares, por todas as horas trabalhando comigo neste baralho. Gráfico. Gargalhadas. Amor. Energia. Uma aptidão. Uma ideia. Uma luz.

Ao Alejandro, por ser uma caixa de ressonância incrível, e por equilibrar meu turbilhão energético com tanta firmeza e humor.

À Pauline Fazzioli, por sua melodia intuitiva e curativa. A experiência da Musa nunca seria a mesma sem sua visão de como os quatro naipes poderiam soar. Obrigada por compartilhar seu incrível dom.

À Cherise Williams, Whitney Jensen, Jenna Diaz e Becca Berggren por trazerem alegria e entusiasmo a este projeto quando ele era pouco mais do que uma ideia.

À Donna Zmenak, por me ajudar a movimentar a energia e visualizar minha missão, no momento em que ela mais foi necessária.

Obrigada aos meus fabulosos amores do tarô: Ethony Dawn, Avalon Cameron, Theresa Reed, Benebell Wen, Arwen Lynch Poe, Melissa Cynova, Jenna Matlin, Jamie Sawyer,

Kristine Gorman, Jaymi Elford, Vix Maxwell, Anne Hayman e Emma Smallbone — cada um de vocês são Musas e estrelas do rock.

E claro, obrigada à Allison e Patty, da Hay House, por se arriscarem neste baralho peculiar.

ANOTAÇÕES IMPORTANTES

ANOTAÇÕES IMPORTANTES